ENTREVISTAS COM MONS. JOSEMARIA ESCRIVÁ

Conheça nossos clubes

Conheça nosso site

@editoraquadrante
@editoraquadrante
@quadranteeditora
Quadrante

JOSEMARIA ESCRIVÁ

ENTREVISTAS COM MONS. JOSEMARIA ESCRIVÁ

5ª edição

Tradução
Alípio Maia de Castro

QUADRANTE

São Paulo
2024

Título original
Conversaciones con Mons. Escrivá de Balaguer

Copyright © 2016 Fundación Studium

Capa
Gabriela Haeitmann

Dados Internacionais de Catalogação na Publicação (CIP)

Escrivá, Josemaria
    Entrevistas com Mons. Josemaria Escrivá / Josemaria Escrivá. – 5ª ed. – Quadrante, São Paulo, 2024.

    Título original: *Conversaciones con Mons. Escrivá de Balaguer*
    ISBN: 978-85-7465-585-7

    1. Igreja católica 2. Escrivá de Balaguer, Josemaria, 1902-1975 3. Opus Dei 4. Vida cristã I. Título

CDD-241.086

Índice para catálogo sistemático:
1. Igreja católica 2. Vida cristã 241.086

Todos os direitos reservados a
QUADRANTE EDITORA
Rua Bernardo da Veiga, 47 - Tel.: 3873-2270
CEP 01252-020 - São Paulo - SP
www.quadrante.com.br / atendimento@quadrante.com.br

Sumário

Nota editorial 7

O Autor 8

Apresentação 13

Espontaneidade e pluralismo no Povo de Deus
    Entrevista realizada por Pedro Rodríguez. Publicada em *Palabra*
    (Madri), outubro de 1967 25

Por que nasceu o Opus Dei?
    Entrevista realizada por Peter Forbarth, correspondente do
    Time (Nova York), em 15-04-1967 63

O apostolado do Opus Dei nos cinco continentes
    Entrevista realizada por Jacques Guillemé-Brulon. Publicada
    em *Le Figaro* (Paris), em 16-05-1966 85

Por que tantos homens se aproximam do Opus Dei?
    Entrevista realizada por Tad Szulc, correspondente do *New*
    York Times, em 7-10-1966 99

O Opus Dei: uma instituição que promove a busca
da santidade no mundo
    Entrevista concedida a Enrico Zuppo e Antonio Fugardi, e publicada
    em *L'Osservatore della Domenica* (19 e 26 de maio e 2 de junho
    de 1968) 113

A universidade a serviço da sociedade atual
Entrevista realizada por Andrés Garrigó. Publicada na *Gaceta
Universitaria* (Madri), em 5-10-1967 149

A mulher na vida do mundo e da Igreja
Entrevista realizada por Pilar Salcedo. Publicada em *Telva* (Madri),
em 1-02-1968 169

Amar o mundo apaixonadamente
Homilia proferida durante a missa celebrada no *campus*
da Universidade de Navarra, em 8-10-1967 227

Índice de matérias 243

Índice de textos da Sagrada Escritura 253

Nota editorial

A primeira edição brasileira desta coletânea de textos de São Josemaria Escrivá foi lançada, em 1968, com o título *Questões atuais do Cristianismo*, título que foi mantido nas reedições sucessivas.

Decorrido já um tempo relativamente longo, pareceu oportuno à editora que o título correspondesse agora de modo mais imediato ao conteúdo do livro. Com efeito, trata-se quase exclusivamente de uma coletânea de entrevistas jornalísticas concedidas pelo Fundador do Opus Dei entre 1966 e 1968.

Embora nas entrevistas se reflita, como é lógico, o ambiente e as questões próprias da sociedade civil e eclesiástica na década de sessenta, as respostas de Mons. Escrivá mantêm, em todos os assuntos não circunstanciais, plena atualidade.

O único capítulo que não corresponde ao título atual é o último, que já constava na edição de 1968, intitulado "Amar o mundo apaixonadamente". Trata-se de uma homilia pronunciada em 1967 no campus da Universidade de Navarra, que reflete com fidelidade a mensagem espiritual de São Josemaria e, portanto, do Opus Dei.

O Autor

São Josemaria Escrivá nasceu em Barbastro (Espanha), a 9 de janeiro de 1902. Aos quinze ou dezesseis anos, começou a sentir os primeiros presságios de um chamamento divino e decidiu ordenar-se sacerdote. Em 1918, começou os estudos eclesiásticos no Seminário de Logroño, prosseguindo-os, a partir de 1920, no de São Francisco de Paula de Saragoça, onde passou a exercer o cargo de superior de 1922 em diante. No ano seguinte, começou os estudos de Direito Civil na Universidade de Saragoça, com a permissão da Autoridade eclesiástica, sem no entanto cursá-los simultaneamente com os estudos teológicos. Ordenado diácono a 20 de dezembro de 1924, recebeu o presbiterado a 28 de março de 1925.

Iniciou o seu ministério sacerdotal na paróquia de Perdiguera, na diocese de Saragoça, continuando-o depois em Saragoça. Na primavera de 1927, contando sempre com a permissão do Arcebispo, mudou-se para Madri, onde levou a cabo um infatigável trabalho sacerdotal em todos os ambientes, dedicando também a sua atenção aos pobres e desvalidos dos bairros mais distantes e, especialmente, aos doentes incuráveis e moribundos dos hospitais. Aceitou o cargo de capelão do Patronato dos Enfermos, um trabalho assistencial das Damas Apostólicas do Sagrado Coração, e foi professor em uma Academia universitária, enquanto frequentava os cursos para o doutoramento em Direito Civil, que na época só se ministravam na Universidade de Madri.

No dia 2 de outubro de 1928, o Senhor levou-o a ver com clareza aquilo que até então tinha apenas vislumbrado, e Mons. Escrivá fundou o Opus Dei. Sempre movido por Deus, compreendeu, no dia 14 de fevereiro de 1930, que também devia difundir o apostolado do Opus Dei entre as mulheres. Abria-se assim na Igreja um caminho novo, destinado a promover, entre pessoas de todas as classes sociais, a busca da santidade e o exercício do apostolado mediante a santificação do trabalho de cada dia, no meio do mundo e sem mudar de estado.

A partir de 2 de outubro de 1928, o Fundador do Opus Dei dedicou-se a cumprir, com grande zelo apostólico, a missão que Deus lhe tinha confiado. Em 1934, foi nomeado Reitor do Patronato de Santa Isabel. Durante a guerra civil espanhola, exerceu o seu ministério sacerdotal – por vezes, correndo grave risco de vida – em Madri e, mais tarde, em Burgos. Já desde essa época e depois durante muito tempo, teve de sofrer duras contradições, que suportou com serenidade e espírito sobrenatural.

No dia 14 de fevereiro de 1943, fundou, inseparavelmente unida ao Opus Dei, a Sociedade Sacerdotal da Santa Cruz que, além de permitir a ordenação sacerdotal de membros leigos do Opus Dei e a sua incardinação a serviço da Obra, viria a permitir também, um pouco mais tarde, que os sacerdotes incardinados nas dioceses pudessem participar do espírito e da ascética do Opus Dei, buscando a santidade no exercício dos seus deveres ministeriais, em dependência exclusiva do seu respectivo Ordinário.

Em 1946, Mons. Escrivá passou a residir em Roma, onde permaneceu até o fim da vida. Dali estimulou e orientou a difusão do Opus Dei por todo o mundo, concentrando as suas energias em dar aos homens e mulheres da Obra uma sólida formação doutrinal, ascética e apostólica. Na ocasião de sua morte, o Opus Dei contava mais de 60.000 membros de oitenta nacionalidades.

Mons. Escrivá foi Consultor da Comissão Pontifícia para a interpretação autêntica do Código de Direito Canônico e da Sagrada Congregação de Seminários e Universidades, Prelado de Honra de Sua Santidade e Acadêmico *ad honorem* da Pontifícia Academia Romana de Teologia. Foi também Grão-Chanceler das Universidades de Navarra (Pamplona, Espanha) e Piura (Peru).

São Josemaria Escrivá faleceu a 26 de junho de 1975. Havia anos, oferecia a Deus a sua vida pela Igreja e pelo Papa. Foi sepultado na cripta da igreja de Santa Maria da Paz, em Roma. Para suceder-lhe no governo, foi eleito por unanimidade, no dia 15 de setembro de 1975, Mons. Álvaro del Portillo (1914-1994), que durante muitos anos fora o colaborador mais próximo do Fundador. O atual Prelado do Opus Dei é D. Javier Echevarría, que também trabalhou durante várias décadas com São Josemaria Escrivá e com o seu primeiro sucessor, Bem-aventurado Álvaro del Portillo.

O Opus Dei, que desde o princípio contou com a aprovação da Autoridade diocesana e, de 1943 em diante, também com a *Appositio Manuum* e mais tarde com a aprovação da Santa Sé, foi erigido em Prelazia pessoal pelo Santo Padre João Paulo II no dia 28 de novembro de 1982: era a forma jurídica prevista e desejada por São Josemaria Escrivá.

A fama de santidade de que o Fundador do Opus Dei gozou já em vida foi-se estendendo após a sua morte por todos os recantos da terra, como o põem de manifesto os abundantes testemunhos de favores espirituais e materiais que se atribuem à sua intercessão, entre eles algumas curas medicamente inexplicáveis. Foram também numerosíssimas as cartas provenientes dos cinco continentes, entre as quais se contam as de sessenta e nove cardeais e cerca de mil e trezentos bispos – mais de um terço do episcopado mundial –, em que se pedia ao Papa a abertura da Causa de Beatificação e Canonização de Mons. Escrivá.

A beatificação de Mons. Escrivá foi celebrada pelo Papa João Paulo II em 17 de maio de 1992, e no dia 6 de outubro de 2002 o Santo Padre canonizou o Fundador do Opus Dei – incluindo-o assim no elenco dos Santos –, em solene cerimônia celebrada na Praça de São Pedro de Roma.

O corpo de São Josemaria Escrivá repousa na Igreja Prelatícia de Santa Maria da Paz (viale Bruno Buozzi, 75, Roma).

Entre os seus escritos publicados, contam-se, além do estudo teológico-jurídico La Abadesa de Las Huelgas, livros de espiritualidade que foram traduzidos para numerosas línguas: *Caminho, Santo Rosário, É Cristo que passa, Amigos de Deus, Via Sacra, Amar a Igreja, Sulco* e *Forja*, os últimos cinco publicados postumamente. Sob o título de *Entrevistas com Mons. Josemaria Escrivá* (antes intitulado *Questões atuais do cristianismo*), publicaram-se também algumas das entrevistas que concedeu à imprensa.

Apresentação

Reúnem-se neste livro os textos de algumas entrevistas concedidas por São Josemaria Escrivá a jornalistas de diversas nacionalidades. Inclui-se também o texto de uma homilia pronunciada por ele na Universidade de Navarra (Espanha), por ocasião da Assembleia de Amigos da Universidade, a que assistiram mais de quarenta mil pessoas vindas da Espanha, Itália, Alemanha, França, Portugal e outros países europeus. A homilia, com efeito, exprime de modo claro e direto alguns aspectos centrais do espírito que informa todas as respostas dadas por Mons. Escrivá nas diversas entrevistas.

Para muitas pessoas, o nome de Josemaria Escrivá de Balaguer está ligado a um livro, *Caminho,* que já foi chamado *a "Imitação de Cristo" dos tempos modernos.* Efetivamente, *Caminho* é um *best-seller* da literatura espiritual. Publicado pela primeira vez em 1934, com o título de *Considerações Espirituais,* já alcançou

502 edições em 51 idiomas diversos, e a sua tiragem quase alcança a casa dos cinco milhões de exemplares. Nos conselhos cheios de espírito sobrenatural que compõem o livro, pessoas dos mais diversos ambientes da sociedade descobriram o modo de viver uma vida de união com Deus no meio do mundo.

Para todas as pessoas que conhecem a vida da Igreja, o nome de Mons. Escrivá evoca imediatamente o Opus Dei, que, desde a sua fundação em 1928, vinha recordar aos cristãos que *a santidade não é coisa para privilegiados,* pois *podem ser divinos todos os caminhos da terra.* Abria-se assim um caminho para que os homens e mulheres que vivem no mundo, as pessoas correntes, procurassem eficazmente a santidade e exercessem o apostolado com uma dedicação autêntica e plenamente secular, com uma espiritualidade especificamente laical.

A importância do Opus Dei como fenômeno pastoral na Igreja, e também como fenômeno sociológico, é hoje evidente aos olhos de todos. Quando Mons. Escrivá faleceu, em 26 de junho de 1975, o Opus Dei estendia-se pelos cinco continentes e contava mais de sessenta mil membros de oitenta nacionalidades. Em 15 de setembro de 1975, foi eleito como seu sucessor o Bem-aventurado Álvaro del Portillo, que tinha sido durante quarenta anos o colaborador mais próximo de São Josemaria. Ao mesmo tempo que continuava impulsionando a expansão do Opus Dei e conservava fidelissimamente o espírito do seu Fundador, o Bem-aventurado Álvaro deu prosseguimento aos trabalhos já iniciados por Mons. Escrivá com o alento de Paulo VI – que tinham por fim dar ao Opus Dei a sua forma jurídica definitiva, adequada ao seu carisma fundacional e à sua realidade social, que não se enquadravam na figura de Instituto Secular que o Opus Dei tinha na época. Estes trabalhos foram concluídos em 28 de novembro de 1982, data em que Sua Santidade João Paulo II erigiu o Opus Dei como Prelazia pessoal, tal como o desejara Mons. Escrivá já muitos anos antes. A situação jurídica atual do Opus Dei é, em síntese, a de uma Prelazia pessoal de âmbito universal, dotada de Estatutos próprios e com a sua sede central em Roma.

Ao longo deste volume, recolhem-se, de lábios do seu Fundador, várias explicações do Opus Dei e numerosas descrições de alguns dos seus aspectos jurídicos e organizativos fundamentais. Essas afirmações só poderão ser compreendidas no seu sentido pleno se se tiver presente o que acabamos de afirmar: que o Opus Dei se encontrava então numa situação jurídica provisória, e que Mons. Escrivá não podia usar, ainda que algumas vezes a desse a entender, a terminologia adequada à forma jurídica definitiva, que já previa, mas que ainda não fora alcançada. Concretamente, aparecerão ao longo desta obra termos tais como *Associação* e *sócios* para fazer referência ao Opus Dei e aos fiéis desta Prelazia pessoal; ou o de Presidente Geral para designar o Prelado, etc. Por este motivo, pareceu conveniente introduzir no texto algumas breves notas explicativas de pé de página, além destas explicações preliminares.

É preciso ressaltar que a dificuldade de ter de utilizar uma terminologia jurídica inapropriada é ultrapassada pelo *dom de línguas* que Mons. Escrivá possuía; o leitor poderá, portanto, extrair das suas respostas, além de muitos critérios claros sobre temas atuais da vida da Igreja e da sociedade, um extenso e profundo conhecimento da realidade espiritual, pastoral e jurídica do Opus Dei. A leitura, porém, será ainda mais proveitosa se se possuir um prévio conhecimento do *status* jurídico atual desta instituição, a que aludem implicitamente algumas das respostas de São Josemaria Escrivá. Esta é a razão dos parágrafos que se seguem.

* * *

Desde a sua ereção como Prelazia pessoal, o Opus Dei está constituído por um Prelado – que é o seu Ordinário próprio –, pelo clero ou presbitério da Prelazia, que são os sacerdotes incardinados no Opus Dei, e pelos leigos que livremente a ele se incorporaram ou virão a incorporar-se no futuro.

Os sacerdotes provêm exclusivamente dos leigos do Opus Dei, que recebem as Sagradas Ordens depois de terem feito os estudos eclesiásticos necessários. Portanto, não se subtraem de nenhuma diocese sacerdotes ou candidatos ao sacerdócio. Os leigos da Prelazia são homens e mulheres, solteiros e casados, de qualquer raça ou condição social, e sem qualquer limitação por motivos de saúde, idade avançada, ou circunstâncias familiares ou profissionais, etc.

Para todos os fiéis (clérigos e leigos) que pertencem ao Opus Dei, a vocação é a mesma e única: trata-se de uma vocação plena, pela qual assumem, de maneira adequada às suas diversas circunstâncias e ao próprio estado pessoal, idênticos compromissos ascéticos e formativos – e todos os membros da Prelazia participam plenamente no peculiar apostolado desenvolvido pelo Opus Dei.

A Prelazia do Opus Dei – que constitui uma unidade pastoral orgânica e indivisível – realiza os seus apostolados por meio da Seção de homens e da Seção de mulheres, sob o governo e a direção do Prelado – que dá e assegura a unidade fundamental de espírito e de jurisdição entre as duas Seções – e dos seus Vigários, e com a assistência pastoral do clero da Prelazia.

O Prelado, que é o Ordinário da Prelazia do Opus Dei, governa as duas Seções com a ajuda dos seus Conselhos, que são diferentes para cada Seção. Em cada país, existem conselhos semelhantes, que assistem o Vigário Regional no seu trabalho de governo.

O Prelado tem uma potestade ordinária de regime ou de jurisdição, circunscrita ao que diz respeito ao fim específico da Prelazia, e que difere substancialmente, pela sua matéria, da jurisdição que compete aos Bispos diocesanos para o atendimento pastoral ordinário dos fiéis. Além do regime do seu clero, essa potestade abrange a direção geral da formação e da atenção espiritual e apostólica específica que os leigos incorporados ao Opus Dei recebem, com vistas a uma dedicação mais intensa a serviço da Igreja.

Os leigos estão sob a jurisdição do Prelado no que se refere ao cumprimento dos compromissos peculiares – ascéticos, formativos e apostólicos – que assumem livremente por meio do vínculo de dedicação ao fim próprio da Prelazia.

Os fiéis da Prelazia do Opus Dei são pessoas que desejam levar uma vida plenamente cristã, buscando a santidade e exercendo o apostolado no seu próprio estado de vida e no seu próprio trabalho no meio da sociedade civil. A incorporação ao Opus Dei faz-se através de um vínculo de caráter contratual, mútuo e estável, entre a Prelazia e o fiel leigo que livremente deseja incorporar-se.

A Prelazia compromete-se a oferecer aos seus fiéis uma assídua formação doutrinal-religiosa, espiritual, ascética e apostólica, bem como a necessária atenção pastoral específica por parte do clero do Opus Dei.

Os fiéis do Opus Dei, por sua vez, obrigam-se a pôr em prática os compromissos ascéticos, formativos e apostólicos especificados no direito particular da Prelazia, a cumprir as normas disciplinares que regem a vida do Opus Dei e a sustentar-se – e à sua família, no caso das pessoas casadas – mediante o seu próprio trabalho profissional, com o qual contribuirão também, na medida das suas possibilidades, para manter as atividades formativas e apostólicas da Prelazia.

No Opus Dei há a mesma variedade de fiéis que em qualquer outra estrutura jurisdicional de caráter secular (como, por exemplo, uma diocese): sacerdotes e leigos, homens e mulheres, jovens e velhos, solteiros e casados, pessoas de qualquer condição social e de qualquer profissão honrada.

Ao incorporarem-se ao Opus Dei, os fiéis assumem uns compromissos peculiares – ascéticos, formativos, apostólicos e disciplinares – determinados por normas jurídicas precisas, detalhadas nos Estatutos da Prelazia. Estes compromissos implicam uma particular e plena dedicação pessoal ao serviço da missão apostólica da Igreja, cada um dentro do seu próprio estado de vida e da condição canônica de fiéis seculares comuns – clérigos ou leigos –, que não se altera pela incorporação ao Opus Dei.

A finalidade da Prelazia do Opus Dei é ao mesmo tempo apostólica e pastoral. Por um lado, o Prelado – com o seu presbitério – desenvolve um peculiar trabalho pastoral para atender e sustentar os fiéis incorporados ao Opus Dei no cumprimento dos compromissos ascéticos, formativos e apostólicos que assumiram, e que são particularmente exigentes. Por outro lado, a Prelazia – presbitério e laicato, conjunta e inseparavelmente unidos – leva a cabo o apostolado específico de difundir, em todos os ambientes da sociedade, uma profunda tomada de consciência da chamada universal à santidade e ao apostolado, e, mais concretamente, do valor santificante do trabalho profissional ordinário.

Alguns membros do Opus Dei, além disso, juntamente com muitas outras pessoas – também não católicos – promovem em todo o mundo, movidos pelo seu amor à Igreja, iniciativas de caráter apostólico as mais variadas. Em alguns casos, o Opus Dei, enquanto instituição, presta-lhes uma assistência pastoral específica, assegurando a oportuna atenção espiritual aos destinatários dessas atividades, se assim o desejarem livremente. Essas atividades sempre têm um fim apostólico e são realizadas de um modo profissional e laical.

Intrínseca e inseparavelmente unida à Prelazia do Opus Dei existe ainda a Sociedade Sacerdotal da Santa

Cruz, que tem como fim difundir entre os demais clérigos seculares o carisma fundacional do Opus Dei.

O Prelado do Opus Dei é, ao mesmo tempo, Presidente Geral da Sociedade Sacerdotal da Santa Cruz. São membros desta Associação *ipso iure* todos os sacerdotes incardinados na Prelazia; e podem ser admitidos também, como sócios, outros sacerdotes seculares, que continuam incardinados nas suas dioceses respectivas e permanecem sob a direção exclusiva do seu próprio Bispo, que é o seu único Superior.

A Sociedade Sacerdotal da Santa Cruz é, portanto, uma Associação que tem por fim fomentar a santidade dos sacerdotes – este tipo de associações foi louvado e estimulado pelo Concílio Vaticano II no Decreto sobre os presbíteros – no exercício do seu próprio ministério, proporcionando aos seus sócios a oportuna atenção espiritual e ascética, que os leva, entre outras coisas, a manter uma disponibilidade exemplar para tudo o que deles solicitem os seus Ordinários e perante as necessidades diocesanas.

* * *

O desenvolvimento do Opus Dei e a influência do seu espírito e dos seus apostolados na vida da Igreja e do mundo explicam o interesse que desperta na opinião pública. Deste interesse nasceu a iniciativa de várias revistas e jornais de formularem uma série de perguntas a Mons. Escrivá, abordando os temas de maior importância para os seus respectivos leitores. Mons. Escrivá respondeu por escrito e exaustivamente às perguntas que lhe foram formuladas.

Pedro Rodríguez, então diretor da revista de teologia *Palabra* (Madri), entrevistou Mons. Escrivá, que tinha entre os seus títulos o de Doutor em Teologia e o de membro da Academia Teológica Romana, para obter a sua autorizada opinião a respeito dos problemas mais importantes da Igreja do nosso tempo. A situação pós-conciliar do catolicismo, o apostolado dos leigos, a presença do sacerdote entre os homens, a animação cristã da ordem temporal, são alguns dos temas tratados nessa entrevista. Nela se aborda simultaneamente o papel que o Opus Dei desempenha na Igreja e no mundo, e se comentam alguns traços da sua espiritualidade. Uma nota dominante de toda essa longa conversa é o sentido da Igreja que manifesta, e que leva São Josemaria a captar as necessidades próprias do momento e a aproximar-se delas com espírito apostólico. Intimamente unido a essa atitude encontra-se o sentido do pluralismo, que se alimenta não apenas do respeito pelos direitos e pela liberdade da Igreja, mas também da fé na ação de Deus, que guia a Igreja, distribuindo com variedade inesgotável seus dons e carismas.

As ideias expostas nesta primeira entrevista oferecem ao leitor o marco em que se enquadram as perguntas, mais concretas e particulares, das três entrevistas que se seguem, realizadas por Peter Forbath, Jacques Guillemé-Brûlon e Tad Szulc, correspondentes do *Time, Le Figaro* e *New York Times* respectivamente. Os três jornalistas formulam suas perguntas pensando nos milhões de leitores de dois diários e um semanário dos mais difundidos nos Estados Unidos e na França; os temas são tratados à luz de uma perspectiva atual, e fazem muitas vezes referência a pessoas e fatos da vida política internacional, que podem oferecer ao público um quadro familiar que lhes permita penetrar em questões mais profundas, de natureza espiritual e apostólica, ou mesmo especificamente teológica e canônica.

O espírito e o apostolado do Opus Dei são também o tema central da entrevista concedida ao *L'Osservatore della Domenica*. No semanário vaticano, é a perspectiva do momento atual da Igreja que preside ao longo colóquio cuja publicação esteve a cargo de Enrico Zuppi, diretor do semanário, e Antonio Fugardi, membro da redação.

A entrevista do diário parisiense *Le Figaro* foi publicada a 16 de maio de 1966, sendo, portanto, a primeira em ordem cronológica das que se incluem neste livro; as realizadas por Peter Forbath e Tad Szulc são inéditas, pois serviram de *background* material para a elaboração de diversos serviços jornalísticos.

Outra das entrevistas refere-se a um tema especializado: o da universidade. Aqui Mons. Escrivá exprime não só os seus critérios apostólicos de fundador do Opus Dei, mas também suas opiniões pessoais sobre um tema que sempre lhe interessou, e para o qual, aliás, contribuiu poderosamente, quer de um modo pessoal – era, entre outras coisas, Consultor da Sagrada Congregação de Seminários e Universidades –, quer através das atividades dos membros do Opus Dei. Um dos primeiros trabalhos apostólicos que impulsionou foi precisamente a Residência de Estudantes de Ferraz, em Madri, durante a segunda República espanhola: tratava-se de um residência universitária, concebida como auxiliar da atividade docente, para favorecer uma formação integral dos estudantes; desde então, este tipo de instituição educativa difundiu-se amplamente nos mais diversos países. Outra atividade educativa de grande importância é a Universidade de Navarra, de que Mons. Escrivá foi Grão-Chanceler. Criada em 1952, alcançou renome e repercussão mundiais. Pela sua estrutura residencial, seu propósito de fundir a tradição anglo-saxônica com a latina, o rigor científico do seu ensino e pesquisa, a internacionalidade do seu corpo discente e docente, a Universidade de Navarra constitui uma experiência de primordial importância.

Conhecedor do interesse que São Josemaria Escrivá dispensava aos temas educacionais, o diretor da revista estudantil *Gaceta Universitaria,* Andrés Garrigó, dirigiu-lhe a série de perguntas que compõem a entrevista que reproduzimos.

A última entrevista, concedida a Pilar Salcedo, diretora de *Telva* (Madri), uma das mais conhecidas revistas femininas de língua castelhana, aborda, com grande riqueza de síntese e agudos detalhes de bom humor, os problemas que a sociedade atual coloca à mulher e à família. São palavras precisas, cordiais, que tomam em consideração não só os princípios de uma sociologia familiar, mas também as questões do momento, a vida do lar, a participação ativa da mulher no trabalho social e na plenitude da vida da Igreja.

Levando-se em conta as precisões feitas anteriormente acerca da diversa situação jurídica em que se encontrava o Opus Dei quando Mons. Escrivá concedeu estas entrevistas, o conjunto dos textos incluídos neste livro permite obter um amplo panorama de alguns dos aspectos que integram o espírito, a estrutura e o fim apostólico do Opus Dei, e de algumas facetas características da personalidade do seu Fundador.

Os leitores poderão observar nas palavras de São Josemaria Escrivá duas características relevantes: espírito sobrenatural e cordialidade humana. Queremos, por isso, terminar esta apresentação sublinhando uma das ideias centrais destas conversações com o Fundador do Opus Dei: o seu amor à liberdade, que se manifestava tanto na tenacidade de quem defende os ideais em que acredita, como numa inesgotável capacidade de compreensão e de convivência.

Espontaneidade e pluralismo no Povo de Deus[1]

Quereríamos começar esta entrevista com um problema que provoca em muitos espíritos as mais diversas interpretações. Referimo-nos ao tema do "aggiornamento". Como entende, aplicado à vida da Igreja, o verdadeiro sentido desta palavra?

Fidelidade. Para mim, *aggiornamento* significa sobretudo isto: *fidelidade.* Um marido, um soldado, um administrador é sempre tanto melhor marido, tanto melhor soldado, tanto melhor administrador quanto mais fielmente souber corresponder, em cada momento, perante cada nova circunstância da sua vida, aos

---

(1) Entrevista realizada por Pedro Rodríguez. Publicada em *Palabra* (Madri), outubro de 1967.

firmes compromissos de amor e de justiça que um dia assumiu. A fidelidade delicada, operativa e constante – que é difícil, como é difícil qualquer aplicação de princípios à realidade mutável do que é contingente –, é por isso a melhor defesa da pessoa contra a velhice de espírito, a aridez de coração e a anquilose mental.

O mesmo sucede na vida das instituições, singularissimamente na vida da Igreja, que obedece, não a um precário projeto do homem, mas a um desígnio de Deus. A Redenção, a salvação do mundo, é obra da amorosa e filial fidelidade de Jesus Cristo – e da nossa com Ele – à vontade do Pai celestial que o enviou. Por isso, o *aggiornamento* da Igreja – agora como em qualquer outra época – é fundamentalmente isto: uma reafirmação gozosa da fidelidade do Povo de Deus à missão recebida, ao Evangelho.

É claro que essa fidelidade – viva e atual perante cada circunstância da vida dos homens – pode requerer, e de fato tem requerido com frequência na história duas vezes milenária da Igreja e recentemente no Concílio Vaticano II, oportunos desenvolvimentos doutrinais na exposição das riquezas do *Depositum Fidei* assim como convenientes modificações e reformas que aperfeiçoam – no seu elemento humano, perfectível as estruturas organizativas e os métodos missionários e de apostolado.

Mas seria pelo menos superficial pensar que o *aggiornamento* consiste primariamente em *modificar*, ou que toda a modificação *aggiorna*. Basta pensar que não falta quem, à margem da doutrina conciliar e contra ela, também desejaria *modificações* que fariam retroceder em muitos séculos de história – pelo menos até à época feudal – o caminho progressivo do Povo de Deus.

O Concílio Vaticano II utilizou abundantemente nos seus Documentos a expressão "Povo de Deus" para designar a Igreja, e pôs assim de manifesto a responsabilidade comum de todos os cristãos na missão única deste Povo de Deus. Quais as características que, em seu entender, deve ter a "necessária opinião pública na Igreja" – da qual já Pio XII falou –, para refletir essa responsabilidade comum? Como é afetado o fenômeno da "opinião pública na Igreja" pelas peculiares relações de autoridade e obediência que se verificam no seio da comunidade eclesial?

Não concebo que possa haver obediência verdadeiramente cristã, se essa obediência não for voluntária e responsável. Os filhos de Deus não são pedras ou cadáveres: são seres inteligentes e livres e elevados todos à mesma ordem sobrenatural, tal como a pessoa que manda. Mas não poderá nunca fazer uso reto da inteligência e da liberdade – para obedecer, da mesma maneira que para opinar – quem carecer de suficiente formação cristã. Por isso, o problema de fundo da "necessária opinião pública na Igreja" é equivalente ao problema da necessária formação doutrinal dos fiéis. É certo que o Espírito Santo distribui a abundância dos seus dons entre os membros do Povo de Deus – que são todos corresponsáveis da missão da Igreja –, mas isto não exime ninguém, antes pelo contrário, do dever de adquirir essa adequada formação doutrinal.

Entendo por doutrina o suficiente conhecimento que cada fiel deve ter da missão total da Igreja e da peculiar participação, e consequente responsabilidade específica, que corresponde a ele nessa missão única. Este é como o tem recordado repetidas vezes o Santo Padre o colossal trabalho de pedagogia que a Igreja deve enfrentar nesta época pós-conciliar. Penso que a solução correta do problema a que aludiu deve ser procurada como outras esperanças latentes no seio da Igreja – em relação direta com esse trabalho. Não serão, com certeza, as intuições mais ou menos *proféticas* de alguns *carismáticos* sem doutrina que poderão assegurar a necessária opinião pública no Povo de Deus.

Quanto às formas de expressão dessa opinião pública, não considero que seja um problema de órgãos ou de instituições. Tão adequado pode ser um Conselho pastoral diocesano como as colunas de um jornal – ainda que não seja oficialmente católico –, ou a simples carta pessoal de um fiel ao seu Bispo, etc. As possibilidades e as modalidades legítimas em que essa opinião dos fiéis se pode manifestar são muito variadas, e não parece que se possam ou devam *espartilhar,* criando um novo ente ou instituição. E menos ainda se se tratasse de uma instituição que corresse o perigo – tão fácil – de chegar a ser monopolizada ou instrumentalizada por um grupo ou grupinho de católicos *oficiais,* qualquer que fosse a tendência ou orientação em que essa minoria se inspirasse. Isto poria em perigo o próprio prestígio da Hierarquia e soaria a falso para os restantes membros do Povo de Deus.

O conceito de Povo de Deus, a que antes nos referíamos, exprime o caráter histórico da Igreja, como uma realidade de origem divina que se serve também, em seu caminhar, de elementos mutáveis e perecíveis. De acordo com isso, como se deve realizar hoje a existência sacerdotal na vida dos presbíteros? Que características da figura do presbítero, descrita no Decreto Presbyterorum Ordinis, lhe parece oportuno sublinhar nos momentos atuais?

Sublinharia uma característica da existência sacerdotal que não pertence precisamente à categoria dos elementos mutáveis e perecíveis. Refiro-me à união perfeita que se deve verificar – e o Decreto *Presbyterorum Ordinis* recorda-o repetidas vezes – entre consagração e missão do sacerdote: ou, o que é a mesma coisa, entre vida pessoal de piedade e exercício do sacerdócio ministerial, entre as relações filiais do sacerdote com Deus e suas relações pastorais e fraternas com os homens. Não acredito na eficácia ministerial do sacerdote que não seja homem de oração.

Existe certa inquietação de alguns setores do clero acerca da presença do sacerdote na sociedade, que procura – apoiando-se na doutri-

na do Concílio (Const. Lumen gentium, n.° 31; Decreto Presbyterorum Ordinis, n° 8) – exprimir-se através de uma atividade profissional do sacerdote na vida civil – "padres operários", etc. Gostaríamos de saber o que pensa sobre este assunto.

4   Antes de mais, devo dizer que respeito a opinião contrária à que vou expor, embora a considere errada por muitas razões, e que acompanho com o meu afeto e com a minha oração os que a levam a cabo pessoalmente, com grande zelo apostólico.

Penso que o sacerdócio retamente exercido – sem timidez nem *complexos,* que são ordinariamente demonstração de imaturidade humana, e sem prepotências *clericais,* que denotariam pouco sentido sobrenatural –, o ministério próprio do sacerdote assegura por si mesmo, suficientemente, uma legítima, simples e autêntica presença do homem-sacerdote entre os restantes membros da comunidade a que se dirige. Ordinariamente, não é necessário mais para viver em comunhão de vida com o mundo do trabalho, compreender seus problemas e participar da sua sorte. Mas o que, com certeza, poucas vezes será eficaz – porque a sua própria falta de autenticidade o condena antecipadamente ao fracasso – é recorrer ao ingênuo *passaporte* de umas atividades *laicais* de *amador,* que podem ofender, por muitas razões, o bom senso dos próprios leigos.

Além disso, o ministério sacerdotal é – sobretudo nestes tempos de tanta escassez de clero – um trabalho terrivelmente absorvente, que não deixa tempo para o *duplo emprego*. As almas têm tanta necessidade de nós, ainda que muitas não o saibam, que nunca se consegue fazer tudo. Faltam braços, tempo, forças. Costumo por isso dizer aos meus filhos sacerdotes que, se algum deles chegasse a notar que num dia lhe tinha sobrado tempo, poderia estar completamente certo de que nesse dia não tinha vivido bem o seu sacerdócio.

E repare que se trata, no caso destes sacerdotes do Opus Dei, de homens que, antes de receberem as ordens sagradas, tinham normalmente exercido, durante anos, uma atividade profissional na vida civil: são engenheiros-sacerdotes, médicos-sacerdotes, operários-sacerdotes, etc... No entanto, não sei de nenhum que tenha considerado necessário – para tornar-se ouvido e estimado na sociedade civil, entre seus antigos colegas e companheiros – aproximar-se das almas com uma régua de cálculo, um estetoscópio ou um martelo pneumático. É verdade que, uma vez por outra, exercem – de modo compatível com as obrigações do estado clerical – a sua profissão ou ofício, mas nunca por pensarem que isso seja necessário para assegurar uma "presença na sociedade civil"; fazem-no por outros motivos diversos: de caridade social, por exemplo, ou de absoluta necessidade econômica, para porem em andamento uma iniciativa apostólica. Também São Paulo recorreu algumas vezes à sua profissão de fabricante de tendas; mas nunca porque Ananias lhe tivesse dito em Damasco que aprendesse a fabricar tendas para poder assim anunciar devidamente o Evangelho de Cristo aos gentios.

Em resumo, e sem que queira com isto julgar da legitimidade e da retidão de intenção de nenhuma iniciativa apostólica, entendo que o intelectual-sacerdote e o operário-sacerdote, por exemplo, são figuras mais autênticas e mais concordes com a doutrina do Vaticano II do que a figura do sacerdote-operário. Salvo pelo seu alcance como trabalho pastoral especializado – que será sempre necessário –, a figura *típica* do *padre-operário* pertence já ao passado; um passado no qual estava oculta para muitos a potencialidade maravilhosa do apostolado dos leigos.

Às vezes, ouve-se criticar sacerdotes que assumem atitudes concretas em problemas de índole temporal e mais especialmente de caráter político. Muitas dessas atitudes costumam ir encaminhadas, o que não sucedia em outras épocas, a favorecer uma maior liberdade e justiça social, etc. Também é certo que não é própria do sacerdócio ministerial a intervenção ativa nestes terrenos, a não ser em casos excepcionais. Mas não lhe parece que o sacerdote deve denunciar a injustiça, a falta de liberdade, etc., por não serem cristãs? Como conciliar, concretamente, estas existências?

5   O sacerdote deve pregar – porque é parte essencial do seu *munus docendi* – quais são as virtudes cristãs todas – e quais as exigências e manifestações concretas que hão de ter essas virtudes nas diversas circunstâncias da vida dos homens a que ele dirige o seu ministério. Como também deve ensinar a respeitar e estimar a dignidade e a liberdade da pessoa humana que Deus

criou, e a peculiar dignidade sobrenatural que o cristão recebe com o batismo.

Nenhum sacerdote que cumpra este seu dever ministerial poderá ser acusado – a não ser por ignorância ou má fé – de *meter-se em política*. Nem sequer se poderá dizer que, ao expor estes ensinamentos, interfere na tarefa apostólica, que corresponde aos leigos, de ordenar cristãmente as estruturas e as atividades temporais.

É manifesta a preocupação de toda a Igreja pelos problemas do chamado Terceiro Mundo, sendo uma das maiores dificuldades a escassez de clero, e especialmente de sacerdotes autóctones. Que pensa a este respeito, e que experiência tem neste terreno?

Penso que, efetivamente, o aumento do clero autóctone é um problema de importância primordial, para garantir o desenvolvimento – e até a permanência – da Igreja em muitas nações, especialmente naquelas que atravessam momentos de nacionalismo virulento.

Quanto à minha experiência pessoal, devo dizer que um dos muitos motivos que tenho de agradecimento ao Senhor é ver com que segura doutrina, visão universal, católica, e ardente espírito de serviço – são sem dúvida melhores do que eu – se formam e chegam ao sacerdócio no Opus Dei centenas de leigos de diversas nações – passam já de sessenta países – onde é problema urgente para a Igreja o desenvolvimento do clero autóctone. Alguns receberam o episcopado nessas mesmas nações, e criaram já florescentes seminários.

Os sacerdotes estão incardinados numa diocese e dependem do Ordinário. Que justificação pode haver para que pertençam a alguma Associação distinta da diocese e inclusive de âmbito universal?

7   A justificação é clara: o uso legítimo de um direito natural – o de associação – que a Igreja reconhece aos clérigos, como a todos os fiéis. Esta tradição secular (pense-se nas muitas associações que tanto têm favorecido a vida espiritual dos sacerdotes seculares) foi repetidamente reafirmada no ensino e nas disposições dos últimos Romanos Pontífices (Pio XII, João XXIII e Paulo VI), e também recentemente pelo próprio Magistério solene do Concílio Vaticano II (cf. Decreto *Presbyterorum Ordinis*, n.º 8).

É de interesse recordar, a este propósito, que na resposta a um *modus* em que se pedia que não houvesse senão associações sacerdotais promovidas ou dirigidas pelos Bispos diocesanos, a competente Comissão Conciliar rejeitou esse pedido – com a posterior aprovação da Congregação Geral –, apoiando claramente a resposta negativa no direito natural de associação, que também diz respeito aos clérigos: "Não se pode negar aos Presbíteros aquilo que o Concílio – tendo em conta a dignidade humana – declarou adequado aos leigos, como decorrência do direito natural" (Schema Decreti *Presbyterorum Ordinis,* Typis Polyglottis Vaticani, 1965, pág. 68).

Em virtude desse direito fundamental, os sacerdotes podem livremente fundar associações ou inscrever-

-se nas já existentes, sempre que se trate de associações que promovam fins retos, adequados à dignidade e às exigências do estado clerical. A legitimidade e o âmbito do exercício do direito de associação entre os clérigos seculares compreende-se bem – sem equívocos, reticências ou perigos de anarquia – se tivermos em conta a distinção, que necessariamente existe e que se deve respeitar, entre a função ministerial do clérigo e o âmbito privado da sua vida pessoal.

Com efeito, o clérigo, e concretamente o presbítero, 8 incorporado pelo sacramento da Ordem à *Ordo Presbyterorum*, fica constituído por direito divino como cooperador da Ordem Episcopal. No caso dos sacerdotes diocesanos, esta função ministerial concretiza-se, segundo uma modalidade estabelecida pelo direito eclesiástico, mediante a incardinação – que adscreve o presbítero ao serviço de uma Igreja local, sob a autoridade do respectivo Ordinário – e a missão canônica que lhe confere um ministério determinado dentro da unidade do Presbitério, cuja cabeça é o Bispo. É evidente, portanto, que o presbítero depende do seu Ordinário – através de um vínculo sacramental e jurídico – para tudo o que se refira a: indicação do trabalho pastoral concreto; diretrizes doutrinais e disciplinares que receba para o exercício desse ministério; justa retribuição econômica necessária; todas as disposições pastorais dadas pelo direito comum relativas aos direitos e obrigações que dimanam do estado clerical.

A par de todas estas necessárias relações de dependência – que concretizam juridicamente a obediência, a unidade e a comunhão pastoral que o presbítero tem de viver delicadamente com o seu próprio Ordinário –, há também legitimamente na vida do presbítero secular um âmbito pessoal de autonomia, de liberdade e de responsabilidade pessoais, no qual o presbítero goza dos mesmos direitos e obrigações que as restantes pessoas na Igreja: fica assim diferenciado tanto da condição jurídica do menor (cf. cân. 89 do C.I.C.) como da do religioso que – em virtude da própria profissão religiosa – renuncia ao exercício de todos ou de alguns desses direitos pessoais.

Por esta razão, o sacerdote secular, dentro dos limites gerais da moral e dos deveres próprios do seu estado pode dispor e decidir livremente – em forma individual ou associada – de tudo o que se refira à sua vida pessoal, espiritual, cultural, econômica, etc. Cada um é livre para se formar culturalmente de acordo com a sua própria preferência ou capacidade. Cada um é livre para manter as relações sociais que deseje e organizar a sua vida como melhor lhe pareça, sempre que cumpra devidamente as obrigações do seu ministério. Cada um é livre para dispor dos seus bens pessoais como julgue mais oportuno em consciência. Com maior razão, cada um é livre para seguir, na sua vida espiritual e ascética e nos seus atos de piedade, aquelas moções que o Espírito Santo lhe sugira, e escolher – entre os muitos meios que a Igreja aconselha ou permite – aqueles que lhe pareçam mais oportunos segundo as suas particulares circunstâncias pessoais.

Precisamente, referindo-se a este último ponto, o Concílio Vaticano II – e de novo o Santo Padre Paulo VI na sua recente Encíclica *Sacerdotalis coelibatus* louvou e recomendou vivamente as associações tanto diocesanas como interdiocesanas, nacionais ou universais que – com estatutos reconhecidos pela competente autoridade eclesiástica – fomentam a santificação do sacerdote no exercício do seu próprio ministério. A existência destas associações, com efeito, de nenhuma maneira representa nem pode representar – já o disse – um detrimento do vínculo de comunhão e dependência que une todo o presbítero com o seu Bispo, nem da unidade fraterna com todos os restantes membros do Presbitério, nem da eficácia do seu trabalho ao serviço da própria Igreja local.

A missão dos leigos exerce-se, segundo o Concílio, na Igreja e no mundo. Isto, com frequência, não é entendido retamente, ficando-se num ou noutro destes termos. Como explicaria a função dos leigos na Igreja e a função que devem realizar no mundo?

9 Não penso de modo algum que devam considerar-se como duas funções diferentes, tendo em conta que a específica participação do leigo na missão da Igreja consiste, precisamente, em santificar *ab intra* – de maneira imediata e direta – as realidades seculares, a ordem temporal, o mundo.

O que acontece é que, além desta função, que lhe é própria e específica, o leigo tem também – como os clérigos e os religiosos – uma série de direitos, deveres e faculdades fundamentais, que correspondem à sua condição jurídica de *fiel,* e que têm o seu lógico âmbito de exercício no interior da sociedade eclesiástica: participação ativa na liturgia da Igreja, faculdade de cooperar diretamente no apostolado próprio da Hierarquia ou de aconselhá-la na sua ação pastoral, se for chamado a isso, etc.

Não são estas funções – a específica, que corresponde ao leigo como *leigo,* e a genérica ou comum, que lhe corresponde como *fiel* – duas funções opostas, mas sim sobrepostas; nem há entre elas contradição, mas sim complementaridade. Reparar só na missão específica do leigo, esquecendo a sua simultânea condição de fiel, seria tão absurdo como imaginar um ramo verde e florido que não pertencesse a nenhuma árvore. Esquecer-se do que é específico, próprio e peculiar do leigo, ou não compreender suficientemente as características destas atividades apostólicas seculares e o seu valor eclesial, seria como reduzir a frondosa árvore da Igreja à monstruosa condição de puro tronco.

Desde há muitos anos, o senhor vem dizendo e escrevendo que a vocação dos leigos consiste em três coisas: "santificar o trabalho, santificar-se no trabalho e santificar os outros com o trabalho". Poderia precisar-nos o que entende exatamente por "santificar o trabalho"?

10 É difícil explicá-lo em poucas palavras, porque nessa expressão se acham implicados conceitos fundamentais da própria teologia da Criação. O que sempre ensinei – desde há quarenta anos – é que todo o traba-

lho humano honesto, intelectual ou manual, deve ser realizado pelo cristão com a maior perfeição possível: com perfeição humana (competência profissional) e com perfeição cristã (por amor à vontade de Deus e a serviço dos homens). Porque, feito assim, esse trabalho humano, por mais humilde e insignificante que pareça, contribui para a ordenação cristã das realidades temporais – a manifestação da sua dimensão divina – e é assumido e integrado na obra prodigiosa da Criação e da Redenção do mundo: eleva-se assim o trabalho à ordem da graça, santifica-se, converte-se em obra de Deus, *operatio Dei, opus Dei*.

Ao recordar aos cristãos as palavras maravilhosas do Gênesis – que Deus criou o homem para que trabalhasse –, fixamo-nos no exemplo de Cristo, que passou a quase totalidade da sua vida terrena trabalhando numa aldeia como artesão. Amamos esse trabalho humano que Ele abraçou como condição de vida, cultivou e santificou. Vemos no trabalho – na nobre fadiga criadora dos homens – não só um dos mais altos valores humanos, meio imprescindível para o progresso da sociedade e o ordenamento cada vez mais justo das relações entre os homens, mas também um sinal do amor de Deus para com as suas criaturas e do amor dos homens entre si e para com Deus: um meio de perfeição, um caminho de santificação.

Por isso, o único objetivo do Opus Dei sempre foi este: contribuir para que no meio do mundo, das realidades e afãs seculares, homens e mulheres de todas as raças e de todas as condições sociais procurassem amar e servir a Deus e a todos os demais, no seu trabalho ordinário e através dele.

O Decreto Apostolicam actuositatem, n.° 5, afirmou claramente que a animação cristã da ordem temporal é missão de toda a Igreja. Compete, pois, a todos: à Hierarquia, ao clero, aos religiosos e aos leigos. Poderia dizer-nos como vê o papel e as modalidades de cada um desses setores eclesiais nessa missão única e comum?

11   Na realidade, a resposta encontra-se nos próprios textos conciliares. A Hierarquia corresponde indicar como parte do seu Magistério – os princípios doutrinais que hão de presidir e iluminar a realização dessa tarefa apostólica (cf. Const. *Lumen gentium*, n.° 28; Const. *Gaudium et spes*, n.° 43; Decr. *Apostolicam actuositatem*, n.° 24).

Aos leigos, que trabalham imersos em todas as circunstâncias e estruturas próprias da vida secular, corresponde de forma específica a tarefa, *imediata e direta,* de ordenar essas realidades temporais à luz dos princípios doutrinais enunciados pelo Magistério; mas atuando, ao mesmo tempo, com a necessária autonomia pessoal perante as decisões concretas que tenham de tomar na sua vida social, familiar, política, cultural, etc. (cf. Const. *Lumen gentium*, n.° 31; *Gaudium et spes*, n.° 43 – Decr. *Apostolicam actuositatem*, n.° 7).

Quanto aos religiosos, que se apartam dessas realidades e atividades seculares abraçando um estado de vida peculiar, a sua missão é dar um testemunho escatológico público que ajude a recordar aos restantes fiéis do Povo de Deus que não têm nesta terra morada permanente (cf. Const. *Lumen gentium*, n.° 44; Decr.

Perfectae caritatis, n.º 5). E não pode esquecer-se ainda o serviço que significam também, para a animação cristã da ordem temporal, as numerosas obras de beneficência, de caridade e de assistência social que tantos religiosos e religiosas realizam com abnegado espírito de sacrifício.

Uma característica de toda a vida cristã seja qual for o caminho através do qual se realiza – é a "dignidade e a liberdade dos filhos de Deus". A que se refere, pois, quando ao longo de todos os seus ensinamentos defende tão insistentemente a liberdade dos leigos?

Refiro-me precisamente à liberdade pessoal que os leigos têm para tomar, à luz dos princípios enunciados pelo Magistério, todas as decisões concretas de ordem teórica ou prática – por exemplo, em relação às diversas opiniões filosóficas, económicas ou políticas, às correntes artísticas e culturais, aos problemas da sua vida profissional ou social, etc. – que cada um julgue em consciência convenientes e mais de acordo com as suas convicções pessoais e aptidões humanas.

Este necessário âmbito de autonomia de que o leigo católico precisa para não ficar *capitisdiminuído* perante os outros leigos, e para poder levar a cabo, com eficácia, a sua peculiar tarefa apostólica no meio das realidades temporais, deve ser sempre cuidadosamente respeitado por todos os que na Igreja exercemos o sacerdócio ministerial. A não ser assim – se se tratasse de *instrumentalizar* o leigo para fins que ultrapassam os que são próprios do ministério hierárquico –, incorrer-se-ia num anacrônico e lamentável *clericalismo*. Limitar-se-iam enormemente as possibilidades apostólicas do laicato – condenando-o a uma perpétua imaturidade –, mas sobretudo pôr-se-iam em perigo – hoje, especialmente – os próprios conceitos de autoridade e de unidade na Igreja. Não podemos esquecer que a existência, também entre os católicos, de um autêntico pluralismo de critério e de opinião, nas coisas que Deus deixou à livre discussão dos homens, não só não se opõe à ordenação hierárquica e à necessária unidade do Povo de Deus, mas ainda as robustece e as defende contra possíveis impurezas.

Sendo tão diversas na sua realização prática a vocação do leigo e a do religioso – ainda que tenham em comum, como é claro, a vocação cristã –, como é possível que os religiosos, em suas tarefas de ensino, etc., possam formar os cristãos correntes num caminho verdadeiramente laical?

13   Será possível na medida em que os religiosos – cuja benemérita atividade ao serviço da Igreja admiro sinceramente – se esforcem por compreender bem quais são as características e as exigências da vocação laical para a santidade e o apostolado no meio do mundo, e queiram e saibam ensiná-las aos alunos.

Com certa frequência, ao falar do laicato, costuma-se esquecer a realidade da presença da mulher e com isto esfuma-se o seu papel na

Igreja. Igualmente, ao tratar-se da "promoção social da mulher", é costume entendê-la simplesmente como presença da mulher na vida pública. Poderia dizer-nos como entende a missão da mulher na Igreja e no mundo?

Não vejo nenhuma razão pela qual, ao falar do laicato – da sua vida apostólica, dos direitos e deveres, etc. –, se deva fazer qualquer espécie de distinção ou discriminação em relação à mulher. Todos os batizados – homens e mulheres – participam igualmente da comum dignidade, liberdade e responsabilidade dos filhos de Deus. Na Igreja existe esta unidade radical e necessária que já São Paulo ensinava aos primeiros cristãos: *Quicumque enim in Christo baptizati estis, Christum induistis. Non est Iudaeus, neque Graecus: non est servus, neque liberus, non est masculus, neque femina* (Gal. III, 26-28); não há judeu nem grego, não há servo nem livre, não há homem nem mulher.

Excetuando a capacidade jurídica de receber ordens sagradas – distinção que por muitas razões também de direito divino positivo, considero que se deve reter penso que é necessário reconhecer plenamente à mulher na Igreja – na sua legislação, na sua vida interna e na sua ação apostólica – os mesmos direitos e deveres que aos homens: direito ao apostolado, a fundar e a dirigir associações, a manifestar responsavelmente a sua opinião em tudo o que se refira ao bem comum da Igreja, etc. Já sei que tudo isto – que teoricamente não é difícil admitir, se se consideram as claras razões teológicas que o apoiam – encontrará, de fato, resistência em algumas mentalidades. Ainda recordo o assombro e até a crítica – agora, pelo contrário, tendem a imitá-lo, como tantas outras coisas – com que determinadas pessoas comentaram o fato de o Opus Dei procurar que também adquiram graus acadêmicos em ciências sagradas as mulheres que pertencem à Secção feminina da nossa Associação.

Penso, no entanto, que estas resistências e reticências irão caindo pouco a pouco. No fundo é só um problema de compreensão eclesiológica: dar-se conta de que a Igreja não é formada só pelos clérigos e religiosos, mas que também os leigos – homens e mulheres – são Povo de Deus e têm, por direito divino, uma missão e responsabilidade próprias.

Mas gostaria de acrescentar que, a meu ver, a igualdade essencial entre o homem e a mulher exige precisamente que se saibam captar ao mesmo tempo os papéis complementares de um e outro na edificação da Igreja e no progresso da sociedade civil: porque não foi em vão que Deus os criou homem e mulher. Esta diversidade há de compreender-se não num sentido *patriarcal* mas em toda a profundidade que tem, tão rica de matizes e consequências: libertando o homem da tentação de *masculinizar* a Igreja e a sociedade; e a mulher, de entender a sua missão, no Povo de Deus e no mundo como uma simples reivindicação de atividades até agora apenas realizadas pelo homem, mas que ela pode desempenhar igualmente bem. Parece-me, pois, que tanto o homem como a mulher se hão de sentir justamente protagonistas da história da salvação, mas um e outro de forma complementar.

Tem-se feito notar que, embora a primeira versão de "Caminho" tenha sido editada em 1934, contém muitas ideias que então foram consideradas "heréticas" por alguns, e que hoje se encontram assumidas pelo Concílio Vaticano II. Que nos pode dizer sobre isto? Que pontos são esses?

Disto, se mo permite, trataremos devagar em outra ocasião, mais adiante. Por agora, limito-me a dizer-lhe que dou muitas graças ao Senhor, que também se serviu dessas edições de *Caminho,* em tantas línguas e em tantos exemplares – já passam de dois milhões e meio –, para inculcar, no entendimento e na vida de pessoas de raças e línguas muito diversas, essas verdades cristãs, que haviam de ser confirmadas pelo Concílio Vaticano II, levando a paz e a alegria a milhões de cristãos e não cristãos. 15

Sabemos que o senhor, desde há muitos anos, tem uma especial preocupação pela atenção espiritual e humana dos sacerdotes, sobretudo do clero diocesano, manifestada, enquanto lhe foi possível, por uma intensa atividade de pregação e de direção espiritual entre eles. E também, a partir de determinado momento, pela possibilidade de que – permanecendo plenamente diocesanos e com a mesma dependência dos Ordinários – fizessem parte da Obra aqueles que sentissem esse chamado. Interessar-nos-ia saber as circunstâncias da vida eclesiástica que – à parte outras razões – motivaram essa sua preocupação. E por outro lado, poderia dizer-nos de que modo essa atividade tem podido e pode ajudar a resolver alguns problemas do clero diocesano ou da vida eclesiástica?

16 As circunstâncias da vida eclesiástica que motivaram e motivam essa minha preocupação e esse trabalho – já institucionalizado – da Obra, não são circunstâncias de caráter mais ou menos acidental ou transitório, mas sim exigências permanentes de ordem espiritual e humana, intimamente unidas à vida e ao trabalho do sacerdote diocesano.

Refiro-me essencialmente à necessidade que ele tem de ser ajudado – com espírito e meios que em nada modifiquem a sua condição diocesana – a procurar a santificação pessoal no exercício do seu próprio ministério. Assim poderá corresponder, com espírito sempre jovem e generosidade cada vez maior, à graça da vocação divina que recebeu, e saberá prevenir-se com prudência e prontidão contra as possíveis crises espirituais e humanas a que facilmente podem dar lugar fatores muito diversos: solidão, dificuldades de ambiente, indiferença, aparente falta de eficácia do trabalho, rotina, cansaço, despreocupação por manter e aperfeiçoar a sua formação intelectual, e até – e é esta a origem profunda das crises de obediência e de unidade – a pouca visão sobrenatural das relações com o próprio Ordinário e mesmo com os seus próprios irmãos no sacerdócio.

Os sacerdotes diocesanos que – no uso legítimo do direito de associação – se adscrevem à Sociedade

Sacerdotal da Santa Cruz[2], fazem-no única e exclusivamente porque desejam receber essa ajuda espiritual pessoal, de maneira absolutamente compatível com os seus deveres de estado e ministério: de outro modo, essa ajuda não seria ajuda, mas complicação, estorvo e desordem.

O espírito do Opus Dei, com efeito, tem como característica essencial o fato de não tirar ninguém do seu lugar – *cada um permaneça na vocação com a qual foi chamado* (I Cor. VII, 20) –, mas de levar cada um a cumprir os encargos e deveres do seu próprio estado, da sua missão na Igreja e na sociedade civil, com a maior perfeição possível. Por isso, quando um sacerdote se adscreve à Obra, não abandona nem modifica em nada sua vocação diocesana – dedicação ao serviço da Igreja local a que está incardinado, plena dependência do Ordinário próprio, espiritualidade secular, união com os outros sacerdotes, etc. –; antes, pelo contrário, compromete-se a viver essa vocação com plenitude, porque sabe que deve procurar a perfeição precisamente no próprio exercício de suas obrigações sacerdotais, como sacerdote diocesano.

---

(2) A Sociedade Sacerdotal da Santa Cruz é uma Associação própria, intrínseca e inseparavelmente unida à Prelazia. Está constituída pelos clérigos incardinados no Opus Dei e por outros sacerdotes ou diáconos, incardinados em diversas dioceses. Estes sacerdotes e diáconos de outras dioceses – que não fazem parte do clero da Prelazia, mas pertencem ao presbitério das suas respectivas dioceses e dependem exclusivamente do seu Ordinário como Superior – associam-se à Sociedade Sacerdotal da Santa Cruz a fim de buscarem a sua santificação, segundo o espírito e a praxe ascética do Opus Dei. O Prelado do Opus Dei é, ao mesmo tempo, Presidente Geral da Sociedade Sacerdotal da Santa Cruz.

Este princípio tem na nossa Associação uma série de aplicações práticas de ordem jurídica e ascética, que seria longo pormenorizar. Direi só, como exemplo, que diferentemente de outras Associações nas quais se exige um voto ou promessa de obediência ao Superior interno – a dependência dos sacerdotes diocesanos adscritos ao Opus Dei não é uma dependência de regime, já que não há uma hierarquia interna para eles nem, portanto perigo de duplo vínculo de obediência, mas antes uma relação voluntária de ajuda e assistência espiritual.

O que estes sacerdotes encontram no Opus Dei é sobretudo, a ajuda ascética continuada que desejam receber, dentro de uma espiritualidade secular e diocesana, e independentemente das mudanças pessoais e circunstâncias que se possam verificar no governo da respectiva Igreja local. Juntam assim à direção espiritual coletiva que o Bispo dá com a sua pregação, as suas cartas pastorais, reuniões, instruções disciplinares, etc., uma direção espiritual pessoal, solícita e contínua em qualquer lugar onde se encontrem, que completa – respeitando-a sempre, como um dever grave – a direção comum ministrada pelo próprio Bispo. Através dessa direção espiritual pessoal – tão recomendada pelo Concílio Vaticano II e pelo Magistério ordinário –, fomenta-se no sacerdote a vida de piedade, a caridade pastoral, a formação doutrinal continuada, o zelo pelos apostolados diocesanos, o amor e a obediência que devem ao Ordinário próprio, a preocupação pelas vocações sacerdotais e pelo seminário, etc.

Os frutos deste trabalho? São para as Igrejas locais,

que estes sacerdotes servem. E com isto se alegra minha alma de sacerdote diocesano, que tem tido além disso, repetidas vezes, o consolo de ver com que carinho o Papa e os Bispos abençoam, desejam e favorecem este trabalho.

> *Em diversas ocasiões, e ao referir-se ao começo da vida do Opus Dei, tem dito que unicamente possuía "juventude, graça de Deus e bom humor". Além disso, pelos anos de 1920 e seguintes, a doutrina do laicato ainda não tinha alcançado o desenvolvimento que atualmente presenciamos. No entanto, o Opus Dei é um fenômeno palpável na vida da Igreja. Poderia explicar-nos como, sendo um sacerdote jovem, pôde ter uma compreensão tal que lhe permitisse realizar este empreendimento?*

17 Eu não tive e não tenho outro empenho que o de cumprir a Vontade de Deus: permita-me que não desça a mais pormenores sobre o começo da Obra – que o Amor de Deus me fazia vislumbrar desde o ano de 1917 –, porque estão intimamente unidos à história da minha alma e pertencem à minha vida interior. A única coisa que lhe posso dizer é que atuei, em todos os momentos, com a vênia e com a afetuosa bênção do queridíssimo Bispo de Madri, onde o Opus Dei nasceu no dia 2 de outubro de 1928. Mais tarde, sempre também com o beneplácito e o alento da Santa Sé e, em cada caso, dos Revmos. Ordinários dos lugares onde trabalhamos.

Há quem, perante a presença de leigos do Opus Dei em lugares influentes da sociedade espanhola, fale da influência do Opus Dei na Espanha. Poderia explicar-nos qual é essa influência?

18   Incomoda-me profundamente tudo quanto se possa parecer a autoelogio. Mas penso que não seria humildade, antes cegueira e ingratidão para com o Senhor – que tão generosamente abençoa o nosso trabalho –, não reconhecer que o Opus Dei influi realmente na sociedade espanhola. No ambiente dos países onde a Obra já trabalha há bastantes anos – na Espanha, concretamente, trinta e nove, porque foi da Vontade de Deus que a nossa Associação aqui nascesse para a vida da Igreja –, é lógico que esse influxo já tenha notável relevância social, paralelamente ao desenvolvimento progressivo do trabalho.

De que natureza é essa influência? É evidente que, sendo o Opus Dei uma Associação de fins espirituais apostólicos, a natureza do seu influxo – na Espanha tal como nas outras nações onde trabalhamos – não pode ser senão desse tipo: uma influência espiritual apostólica. Assim como sucede com a totalidade da Igreja – alma do mundo –, o influxo do Opus Dei na sociedade civil não é de caráter temporal – social, político, econômico, etc. –, ainda que na realidade venha a repercutir nos aspectos éticos de todas as atividades humanas; é, sim, um influxo de ordem diversa e superior, que se exprime com um verbo preciso: santificar.

E isto leva-nos ao tema das pessoas do Opus Dei

que em sua pergunta classificou como influentes. Para uma Associação que tenha como fim fazer política, serão influentes aqueles dos seus membros que ocupem um lugar no parlamento ou no conselho de ministros. Se a Associação é cultural, considerará influentes os membros que sejam filósofos de fama, ou prêmios nacionais de literatura, etc. Se a Associação, pelo contrário, se propõe – como é o caso do Opus Dei – santificar o trabalho ordinário dos homens, seja ele material ou intelectual, é evidente que deverão considerar-se influentes todos os membros: porque todos trabalham – o genérico dever humano de trabalhar encontra na Obra especiais ressonâncias disciplinares e ascéticas – e porque todos procuram realizar o seu trabalho – seja qual for – santamente, cristãmente, com desejo de perfeição. Por isso, para mim, tão influente – tão importante, tão necessário – é o testemunho de um dos meus filhos que seja mineiro de profissão, entre os seus companheiros de trabalho, como o de outro que seja reitor de universidade, entre os restantes professores do claustro acadêmico.

Donde procede, pois, a influência do Opus Dei? A resposta é a simples consideração desta realidade sociológica: à nossa Associação pertencem pessoas de todas as condições sociais, profissões, idades e estados de vida; homens e mulheres, clérigos e leigos, velhos e jovens, solteiros e casados, universitários, pessoas que exercem profissões liberais ou que trabalham em instituições oficiais, etc. Já pensou no poder de irradiação cristã que uma gama tão ampla e tão variada de pessoas representa, sobretudo se andam pelas dezenas de milhares e estão animadas de um mesmo espírito apostólico: santificarem sua profissão ou ofício – em qualquer ambiente social em que atuem –, santificarem-se nesse trabalho e santificarem com esse trabalho?

A estes trabalhos apostólicos pessoais deve acrescentar-se o de nossas obras corporativas de apostolado: Residências de estudantes, Casas de convívio e retiro, a Universidade de Navarra, Centros de formação para operários e camponeses, Escolas técnicas, Colégios, Escolas de formação para a mulher etc. Estas obras têm sido e são indubitavelmente focos de irradiação do espírito cristão. Promovidas por leigos, dirigidas como um trabalho profissional por cidadãos leigos, iguais aos seus companheiros que desempenham a mesma tarefa ou ocupação, e abertas a pessoas de todas as classes e condições, têm sensibilizado amplos estratos da sociedade sobre a necessidade de dar uma resposta cristã às questões que o exercício de suas profissões ou empregos lhes levanta.

Tudo isto é o que dá relevo e transcendência social ao Opus Dei. Não, portanto, a circunstância de alguns membros ocuparem cargos de influência humana – coisa que não nos interessa absolutamente nada, e que fica por isso sujeita à livre decisão e responsabilidade de cada um –, mas o fato de todos, e a bondade de Deus faz com que sejam muitos, realizarem trabalhos – desde os mais humildes – divinamente influentes.

E isto é lógico: quem pode pensar que a influência da Igreja nos Estados Unidos começou no dia em que foi eleito Presidente o católico John Kennedy?

De vez em quando, ao falar da realidade do Opus Dei, tem afirmado que é uma "desorganização organizada". Poderia explicar aos nossos leitores o significado desta expressão?

Quero dizer que damos uma importância primária e fundamental à espontaneidade apostólica da pessoa, à sua iniciativa livre e responsável, guiada pela ação do Espírito; e não a estruturas organizativas, mandatos, táticas e planos impostos de cima, como ato de governo.

Existe um mínimo de organização, evidentemente, com um governo central, que atua sempre colegialmente e tem a sua sede em Roma; e governos regionais, também colegiais, cada um presidido por um Conselheiro[3]. Mas toda a atividade desses organismos dirige-se fundamentalmente a um fim: proporcionar aos sócios a assistência espiritual necessária para a sua vida de piedade, e uma adequada formação espiritual, doutrinal-religiosa e humana. Depois: patos à água! Quer dizer: cristãos santificando todos os caminhos dos homens, que todos têm o aroma da passagem de Deus.

Ao chegar a esse limite, a esse momento, a Associação como tal terminou a sua tarefa – aquela, precisamente, para a qual os sócios do Opus Dei se asso-

---

(3) Relembramos o que foi dito na Apresentação desta obra acerca de algumas respostas relativas a aspectos jurídicos e organizativos, as quais eram exatas e precisas naqueles momentos em que o Opus Dei ainda não recebera a configuração jurídica definitiva desejada pelo seu Fundador, e que hoje é necessário complementar com a breve explicação que se dá nessa mesma Apresentação.

ciam –, já não tem o que fazer, não pode nem deve fazer mais nenhuma indicação. Começa então a livre e responsável ação de cada sócio. Cada um, com espontaneidade apostólica, agindo com completa liberdade pessoal e formando autonomamente a sua consciência perante as decisões concretas que tenha de tomar, procura a perfeição cristã e esforça-se por dar testemunho cristão no seu próprio ambiente, santificando o trabalho profissional, intelectual ou manual. Naturalmente, ao tomar cada um autonomamente essas decisões na sua vida secular, nas realidades temporais em que atua, dão-se com frequência opções, critérios e atuações diversas: dá-se, numa palavra, essa bendita desorganização, esse justo e necessário pluralismo, que é uma característica essencial do bom espírito do Opus Dei, e que sempre me pareceu ser a única maneira reta e ordenada de conceber o apostolado dos leigos.

Dir-lhe-ei mais: essa desorganização organizada aparece inclusive nas próprias obras apostólicas corporativas que o Opus Dei realiza, com o desejo de contribuir também, enquanto Associação, para resolver cristãmente problemas que afetam as comunidades humanas dos diversos países. Essas atividades e iniciativas da Associação são sempre de caráter diretamente apostólico: obras educativas, assistenciais ou de beneficência. Mas, como é precisamente do nosso espírito estimular que as iniciativas surjam da base, e como as circunstâncias, necessidades e possibilidades de cada nação ou grupo social são peculiares e ordinariamente diversas entre si, o governo central da Obra deixa aos governos regionais – que gozam de autonomia praticamente total – a responsabilidade de decidir, promover e organizar aquelas atividades apostólicas concretas que julguem mais convenientes: desde um centro universitário ou uma residência de estudantes, até um dispensário ou uma escola agrícola para camponeses. Como resultado lógico, aparece um mosaico multicolor e variado de atividades: um mosaico organizadamente desorganizado.

De acordo com o que acaba de nos referir, de que maneira considera que a realidade eclesial do Opus Dei se insere na ação pastoral de toda a Igreja? E no Ecumenismo?

Parece-me conveniente um esclarecimento prévio: 20 o Opus Dei não é nem pode ser considerado uma realidade ligada ao processo evolutivo do *estado de perfeição* na Igreja, não é uma forma moderna ou *aggiornata* desse estado. Com efeito, nem a concepção teológica do *status perfectionis* – que São Tomás, Suárez e outros autores plasmaram decisivamente na doutrina –, nem as diversas concretizações jurídicas que se deram ou se podem dar a esse conceito teológico, têm nada que ver com a espiritualidade e o fim apostólico que Deus quis para a nossa Associação. Basta considerar – porque seria longa uma exposição doutrinal completa – que ao Opus Dei não interessam nem votos, nem promessas, nem qualquer forma de consagração para os seus sócios, além da consagração que todos já receberam no Batismo. A nossa Associação não pretende de modo nenhum que os seus sócios mudem de estado, que deixem de ser simples fiéis iguais aos outros, para adquirirem o peculiar *status perfectionis*. Pelo contrário, o que deseja e procura é que cada um faça apostolado e se santifique dentro do seu próprio estado, no mesmo lugar e condição que tem na Igreja e na sociedade civil. Não tiramos ninguém do seu lugar nem afastamos ninguém do seu trabalho ou dos seus nobres compromissos de ordem temporal.

A realidade social, a espiritualidade e a ação do Opus Dei inserem-se, pois, num manancial da vida da Igreja muito diferente: concretamente, no processo teológico e vital que está conduzindo o laicato à plena assunção de suas responsabilidades eclesiais, ao seu modo próprio de participar na missão de Cristo e da sua Igreja. Este tem sido, e continua sendo, nos quase quarenta anos de existência da Obra, o anseio constante – sereno, mas firme – com que Deus quis encaminhar na minha alma e nas dos meus filhos o desejo de servi-lo.

Que contribuição oferece o Opus Dei a este processo? Talvez não seja este o momento histórico mais adequado para proceder a uma apreciação global deste tipo. Apesar de se tratar de problemas dos quais o Concílio Vaticano II muito se ocupou – com quanta alegria da minha alma! –, e apesar de não poucos conceitos e situações referentes à vida e missão do laicato terem recebido já do Magistério suficiente confirmação e luz, há um considerável núcleo de questões que constituem ainda, para a generalidade da doutrina, verdadeiros problemas-limite da teologia. A nós, dentro do espírito que Deus concedeu ao Opus Dei e que procuramos viver com fidelidade – apesar das nossas imperfeições pessoais –, parece-nos já divinamente resolvida a maior parte desses problemas discutidos, mas não pretendemos apresentar essas soluções como as únicas possíveis.

Há simultaneamente aspectos do mesmo proces- 21 so de desenvolvimento eclesiológico que representam magníficas aquisições doutrinais – para as quais Deus quis indubitavelmente que contribuísse, em parte talvez não pequena, o testemunho do espírito e da vida do Opus Dei, juntamente com outras contribuições valiosas de iniciativas e associações apostólicas não menos beneméritas. Mas são aquisições doutrinais, e talvez passe ainda bastante tempo até que cheguem a encarnar-se realmente na vida total do Povo de Deus. Aliás, nas suas perguntas anteriores já recordou alguns desses aspectos: o desenvolvimento de uma autêntica espiritualidade laical; a compreensão da peculiar função eclesial – não eclesiástica ou oficial – própria do leigo; a distinção dos direitos e dos deveres que o leigo tem enquanto leigo; as relações Hierarquia-laicato; a igualdade de dignidade e a complementaridade das funções do homem e da mulher na Igreja; a necessidade de se conseguir uma ordenada opinião pública do Povo de Deus, etc.

Tudo isto constitui evidentemente uma realidade muito fluida e nem sempre isenta de paradoxos. Uma mesma coisa, que há quarenta anos escandalizava quase todos, ou todos, hoje em dia a quase ninguém causa estranheza, embora na verdade sejam ainda muito poucos os que a compreendem a fundo e a vivem ordenadamente.

Vou explicar-me melhor com um exemplo. Em 1932, comentando aos meus filhos do Opus Dei alguns dos aspectos e consequências da dignidade e responsabilidade peculiares que o Batismo confere às pessoas escrevia-lhes num documento: "Impõe-se repelir o preconceito de que os fiéis correntes não podem fazer mais do que ajudar o clero, em apostolados eclesiásticos. O apostolado dos leigos não tem de ser sempre uma simples participação no apostolado hierárquico: compete-lhes o dever de fazerem apostolado. E isto não por receberem uma missão canônica, mas por serem parte da Igreja. Essa missão..., realizam-na através da profissão, do ofício, da família, dos colegas, dos amigos".

Hoje, depois dos ensinamentos solenes do Vaticano II, ninguém na Igreja porá em dúvida a ortodoxia desta doutrina. Mas quantos abandonaram realmente a sua concepção única do apostolado dos leigos como um trabalho pastoral organizado de cima para baixo? Quantos, superando a anterior concepção monolítica do apostolado laical, compreendem que ele possa e inclusive deva também existir sem necessidade de rígidas estruturas centralizadas, missões canônicas e mandatos hierárquicos? Quantos, que qualificam o laicato de longa *manus Ecclesiae*, não estarão confundindo ao mesmo tempo o conceito de Igreja-Povo de Deus com o conceito mais limitado de Hierarquia? Ou ainda, quantos leigos entendem devidamente que só em delicada comunhão com a Hierarquia têm o direito de reivindicar o seu âmbito legítimo de autonomia apostólica?

Poder-se-iam formular considerações semelhantes em relação a outros problemas, porque é realmente muito, muitíssimo, o que ainda está por conseguir, tanto na necessária exposição doutrinal como na educação das consciências e na própria reforma da legislação eclesiástica. Peço muito ao Senhor – a oração sempre foi a minha grande arma – que o Espírito Santo assista ao seu Povo, e especialmente à Hierarquia, na realização destas tarefas. E peço-lhe também que continue a servir-se do Opus Dei, para que possamos contribuir e ajudar, em tudo o que estiver ao nosso alcance, neste difícil, mas maravilhoso processo de desenvolvimento e crescimento da Igreja.

Como se insere o Opus Dei no Ecumenismo? – perguntava-me também. Já contei no ano passado a um jornalista francês – e sei que encontrou eco, inclusive em publicações de irmãos separados – o que uma vez comentei ao Santo Padre João XXIII, movido pelo encanto afável e paterno do seu trato: "Santo Padre, na nossa Obra, todos os homens, católicos ou não, sempre encontram um ambiente amável: não aprendi o ecumenismo de Vossa Santidade". Ele riu emocionado, porque sabia que, já a partir de 1950, a Santa Sé havia autorizado o Opus Dei a receber como associados Cooperadores os não católicos e até os não cristãos. 22

São muitos, efetivamente – e entre eles contam-se pastores e até bispos das suas respectivas confissões –, os irmãos separados que se sentem atraídos pelo espírito do Opus Dei e colaboram com os nossos apostolados. E são cada vez mais frequentes – à medida que os contactos se intensificam – as manifestações de simpatia e de cordial entendimento, resultantes de os sócios do Opus Dei centrarem a sua espiritualidade no simples propósito de viverem responsavelmente os compromissos e exigências batismais do cristão. O desejo de procurar a plenitude da vida cristã e de fazer apostolado, procurando a santificação do trabalho profissional; o fato de vivermos imersos nas realidades seculares, respeitando a sua própria autonomia, mas tratando-as com o espírito e o amor de almas contemplativas; a primazia que, na organização dos nossos trabalhos, concedemos à pessoa, à ação do Espírito nas almas, ao respeito pela dignidade e pela liberdade que provêm da filiação divina do cristão; a defesa contra a concepção monolítica e institucionalista do apostolado dos leigos, da legítima capacidade de iniciativa, dentro do necessário respeito pelo bem comum: estes e outros aspectos mais do nosso modo de ser e trabalhar são pontos de fácil encontro, onde os irmãos separados descobrem – feita vida, experimentada pelos anos – uma boa parte dos princípios doutrinais em que eles e nós, os católicos, pomos fundadas esperanças ecumênicas.

Mudando de tema, interessava-nos saber o que pensa em relação ao atual momento da Igreja. Concretamente, como o qualificaria? Que papel julga poderem ter, neste momento, as tendências que de modo geral têm sido chamadas de " progressistas " e "integristas"?

23   A meu ver, o atual momento da Igreja poderia qualificar-se de positivo e, ao mesmo tempo, de delicado como todas as crises de crescimento. Positivo sem dúvida, porque as riquezas doutrinais do Concílio Vati-

cano II colocaram a Igreja inteira – todo o Povo sacerdotal de Deus – perante uma nova etapa, sumamente esperançosa, de renovada fidelidade ao propósito divino de salvação que lhe foi confiado. Momento delicado também, porque as conclusões teológicas a que se chegou não são de caráter – passe a expressão – abstrato ou teórico; trata-se de uma teologia sumamente viva, quer dizer, com aplicações imediatas e diretas de ordem pastoral, ascética e disciplinar, que chegam ao mais íntimo da vida interna e externa da comunidade cristã: liturgia, estruturas organizativas da Hierarquia, formas apostólicas, Magistério, diálogo com o mundo, ecumenismo, etc. – e, portanto, ao mais íntimo da vida cristã e da própria consciência dos fiéis.

Uma e outra destas realidades tornam respectivamente presentes na nossa alma, por um lado, o otimismo cristão – a gozosa certeza de que o Espírito Santo fará frutificar abundantemente a doutrina com que enriqueceu a Esposa de Cristo –, e ao mesmo tempo a prudência por parte de quem investiga ou governa, porque, especialmente agora, a falta de serenidade ou de ponderação no estudo dos problemas poderia ocasionar um dano imenso.

Quanto às tendências que chama de integristas e progressistas na sua pergunta, torna-se difícil para mim dar uma opinião sobre o papel que podem desempenhar neste momento, porque desde sempre repeli a conveniência e mesmo a possibilidade de se fazerem catalogações ou simplificações desse tipo. Essa divisão – que às vezes é levada a extremos de verdadeiro paroxismo, ou se procura perpetuar, como se os teólogos e os fiéis em geral estivessem destinados a uma contínua orientação bipolar –, parece-me que obedece, no fundo, ao convencimento de que o progresso doutrinal e vital do Povo de Deus terá de ser resultante de uma perpétua tensão dialética. Eu, pelo contrário, prefiro acreditar – com toda a minha alma – na ação do Espírito Santo, que sopra onde quer e em quem quer.

Por que nasceu o Opus Dei?[1]

Poderia explicar qual é a missão central e os objetivos do Opus Dei? Em que precedentes baseou as suas ideias sobre a Associação? Ou é o Opus Dei algo único, totalmente novo dentro da Igreja e do Cristianismo? Pode ser comparado às ordens religiosas e aos institutos seculares, ou a associações católicas do tipo, por exemplo, da "Holy Name Society", dos "Cavaleiros de Colombo", do "Christopher Movement", etc.?

O Opus Dei tem por fim promover entre pessoas de todas as classes da sociedade o desejo da plenitude da vida cristã no meio do mundo. Isto é, o Opus Dei

---

(1) Entrevista realizada por Peter Forbarth, correspondente do *Time* (New York), em 15-04-1967.

pretende ajudar as pessoas que vivem no mundo – o homem vulgar, o homem da rua – a levarem uma vida plenamente cristã, sem modificar o seu modo normal de vida, nem o seu trabalho ordinário, nem as suas aspirações e anseios.

Por isso se pode dizer, como escrevi há muitos anos, que o Opus Dei é velho como o Evangelho e como o Evangelho novo. É lembrar aos cristãos as maravilhosas palavras que se leem no Gênesis: Deus criou o homem para trabalhar. Detivemo-nos no exemplo de Cristo, que passou quase toda a vida na terra trabalhando como artesão numa aldeia. O trabalho não é apenas um dos mais altos valores humanos e meio com que os homens devem contribuir para o progresso da sociedade; é também caminho de santificação.

A que outras organizações poderíamos comparar o Opus Dei? Não é fácil encontrar uma resposta porque, ao tentar comparar entre si organizações de finalidades espirituais, corre-se o risco de ficar nos traços externos ou nas denominações jurídicas, esquecendo o mais importante: o espírito que dá vida e razão de ser a todo o trabalho.

Limitar-me-ei a dizer-lhe que, relativamente às organizações que mencionou, o Opus Dei está muito longe das ordens religiosas e dos institutos seculares, e mais próximo de instituições como a Holy Name Society.

O Opus Dei é uma organização internacional de leigos, a que também pertencem sacerdotes seculares (uma exígua minoria em comparação com o total de sócios). Seus sócios são pessoas que vivem no mundo e nele exercem a sua profissão ou ofício. Não entram no Opus Dei para abandonar esse trabalho, antes pelo contrário para encontrar uma ajuda espiritual que os leve a santificar o seu trabalho ordinário e a convertê-lo também em meio de santificar-se e de ajudar os outros a santificar-se. Não mudam de estado – continuam a ser solteiros, casados, viúvos ou sacerdotes –, mas procuram servir a Deus e aos outros homens dentro do seu próprio estado. O Opus Dei não está interessado em votos ou promessas; o que pede aos seus sócios é que, no meio das deficiências e erros próprios de toda a vida humana, se esforcem por praticar as virtudes humanas e cristãs, sabendo-se filhos de Deus.

Se se quer procurar um termo de comparação, o modo mais fácil de entender o Opus Dei é pensar na vida dos primeiros cristãos. Eles viviam profundamente a sua vocação cristã; procuravam seriamente a perfeição a que estavam chamados pelo fato, simples e sublime, do Batismo. Não se distinguiam exteriormente dos demais cidadãos. Os sócios do Opus Dei são pessoas comuns; desenvolvem um trabalho corrente, vivem no meio do mundo de acordo com o que são: cidadãos cristãos que querem corresponder cabalmente às exigências da sua fé.

Permita-me que insista na questão dos Institutos Seculares. Li num estudo de um conhecido canonista, o Dr. Julián Herranz, que alguns desses Institutos são secretos e que muitos outros se identificam praticamente com as Ordens

Religiosas – usando hábito, abandonando o trabalho profissional para se dedicarem às mesmas finalidades a que se dedicam os religiosos, etc. –, chegando ao ponto de os seus membros não terem inconveniente em se considerarem eles próprios religiosos. Que pensa deste assunto?

25   Com efeito, o estudo sobre os Institutos Seculares a que o senhor se refere teve ampla difusão entre os especialistas. O Dr. Herranz exprime, sob sua responsabilidade pessoal, uma tese bem documentada. Quanto às conclusões desse trabalho, prefiro não falar.

Direi apenas que todo esse modo de proceder nada tem a ver com o Opus Dei, que nem é secreto nem é de modo algum comparável, pelo seu trabalho ou pela vida de seus sócios, aos religiosos. Os sócios do Opus Dei são, como acabo de dizer, cidadãos iguais aos outros, que exercem livremente todas as profissões e todas as tarefas humanas que sejam honestas[2].

Poderia descrever como se desenvolveu e evoluiu o Opus Dei desde a sua fundação, tanto

---

(2) Mons. Escrivá afirmou repetidamente que o Opus Dei, de fato, não era um Instituto Secular, como também não era uma comum associação de fiéis. Apesar de o Opus Dei ter sido aprovado em 1947 como Instituto Secular, uma vez que esta era a solução jurídica menos inadequada ao Opus Dei em face das normas jurídicas então vigentes na Igreja, Mons. Escrivá já tinha pensado, havia muitos anos, que a solução jurídica definitiva do Opus Dei estava entre as estruturas seculares de jurisdição pessoal, como é o caso das Prelazias pessoais.

na sua natureza como nos seus objetivos, num período que presenciou uma enorme mudança dentro da própria Igreja?

26 Desde o primeiro momento, o único objetivo do Opus Dei foi o que acabo de descrever: contribuir para que houvesse no meio do mundo homens e mulheres de todas as raças e condições sociais que procurassem amar e servir a Deus e aos demais homens em e através do seu trabalho cotidiano. Com o começo da Obra, em 1928, o que preguei foi que a santidade não é coisa para privilegiados, pois podem ser divinos todos os caminhos da terra, todos os estados, todas as profissões, todas as tarefas honestas. As implicações dessa mensagem são muitas, e a experiência da vida da Obra ajudou-me a conhecê-las cada vez com maior profundidade e riqueza de matizes.

A Obra nasceu pequena e foi crescendo normalmente, de uma maneira gradual e progressiva, como cresce um organismo vivo, como tudo o que se desenvolve na história. Mas o seu objetivo e razão de ser não mudou nem mudará, por muito que possa mudar a sociedade, porque a mensagem do Opus Dei é que se pode santificar qualquer trabalho honesto, sejam quais forem as circunstâncias em que se desenvolve.

Hoje fazem parte da Obra pessoas de todas as profissões: não apenas médicos, advogados, engenheiros e artistas, mas também pedreiros, mineiros, camponeses; qualquer profissão – desde diretores de cinema e pilotos de aviões a jato até cabeleireiras de alta moda. Para os sócios do Opus Dei, estar em dia e compreender o mundo moderno é coisa natural e instintiva, porque são eles – junto com os demais cidadãos, iguais a eles – quem faz nascer esse mundo e o torna moderno.

Sendo este o espírito da nossa Obra, compreenderá que foi uma grande alegria para nós ver como o Concílio declarava solenemente que a Igreja não rejeita o mundo em que vive, nem o seu progresso e desenvolvimento, mas o compreende e ama. Aliás, uma das características centrais da espiritualidade que os sócios da Obra se esforçam por viver – há quase 40 anos – é saberem-se ao mesmo tempo parte da Igreja e do Estado, assumindo cada um plenamente e com toda a liberdade a sua responsabilidade individual de cristão e de cidadão.

Poderia descrever as diferenças que existem entre o modo pelo qual o Opus Dei como associação cumpre a sua missão, e a forma de os sócios do Opus Dei como indivíduos cumprirem as suas? Por exemplo, que critérios permitem considerar preferível que um projeto seja realizado pela Associação – um colégio ou uma casa de retiros –, ou então por pessoas individuais – como uma empresa editorial ou comercial?

27   A atividade principal do Opus Dei consiste em dar aos seus sócios, e às pessoas que o desejem, os meios espirituais necessários para viverem como bons cristãos no meio do mundo. Dá-lhes a conhecer a doutrina de Cristo, os ensinamentos da Igreja; proporciona-

-lhes um espírito que os impele a trabalhar bem, por amor de Deus e a serviço de todos os homens. Trata-se, numa palavra, de se comportarem como cristãos: convivendo com todos, respeitando a legítima liberdade de todos e fazendo com que este nosso mundo seja mais justo.

Cada um dos sócios ganha a vida e serve a sociedade com a profissão que tinha antes de entrar no Opus Dei e que exerceria se não pertencesse à Obra. Assim, uns são mineiros, outros ensinam em escolas ou Universidades, outros são comerciantes, donas de casa, secretárias, camponeses. Não há nenhuma atividade humana nobre que um sócio do Opus Dei não possa exercer. Aquele que, por exemplo, antes de pertencer à nossa Obra trabalhava numa atividade editorial ou comercial, continua a ocupar-se dessa tarefa depois. E se, a propósito desse trabalho ou de outro qualquer, procura um novo emprego, ou decide com os seus colegas de profissão fundar uma empresa, é coisa que cabe a ele decidir livremente, aceitando e responsabilizando-se pessoalmente pelos resultados do seu trabalho.

Toda a atuação dos diretores do Opus Dei se baseia num delicado respeito pela liberdade profissional dos sócios: é este um ponto de importância capital, de que depende a própria existência da Obra, e que portanto se vive com fidelidade absoluta. Cada sócio pode trabalhar profissionalmente nos mesmos campos em que trabalharia se não pertencesse ao Opus Dei, de maneira que nem o Opus Dei como tal nem nenhum dos outros sócios têm nada a ver com o trabalho profissional que esse sócio desenvolve. Ao vincularem-se à Obra, os sócios comprometem-se, sim, a esforçar-se por procurar a perfeição cristã no seu trabalho e por meio dele, e a ganhar uma consciência mais clara do caráter de serviço à humanidade que toda a vida cristã deve ter.

A principal missão da Obra – já o disse antes – é, pois, a de formar cristãmente os seus sócios e outras pessoas que desejem receber essa formação. O desejo de contribuir para a solução dos problemas que afetam a sociedade, campo em que o ideal cristão pode ser de tanta ajuda, leva além disso a Obra como tal, corporativamente, a desenvolver algumas atividades e iniciativas. O critério neste terreno é que o Opus Dei, que tem fins exclusivamente espirituais, só pode realizar corporativamente atividades que constituam de um modo claro e imediato um serviço cristão, um apostolado. Seria absurdo pensar que o Opus Dei como tal pudesse dedicar-se a extrair carvão das minas ou a promover qualquer gênero de empresas de tipo econômico. As suas obras corporativas são todas atividades diretamente apostólicas: uma escola para formação de agricultores, um dispensário médico numa zona ou num país subdesenvolvido, um colégio para a promoção social da mulher, etc. Quer dizer, obras assistenciais, educativas ou de beneficência, como as que costumam realizar em todo o mundo instituições de qualquer credo religioso.

Para levar avante estas iniciativas, conta-se em primeiro lugar com o trabalho pessoal dos sócios, que por vezes a elas se dedicam plenamente. E também com a ajuda generosa de tantas pessoas, cristãs ou não. Uns sentem-se impelidos a colaborar por motivos espirituais; outros porque, mesmo sem compartilharem dos fins apostólicos, compreendem que se trata de iniciativas em benefício da sociedade, abertas a todos, sem discriminação alguma de raça, religião ou ideologia[3].

Considerando que há sócios do Opus Dei nas mais diversas camadas da sociedade e que alguns deles trabalham ou dirigem empresas ou grupos de certa importância, pode-se pensar que o Opus Dei procura coordenar essas atividades de acordo com uma linha política, econômica, etc.?

De maneira nenhuma. O Opus Dei não intervém para nada em política; é absolutamente alheio a qualquer tendência, grupo ou regime político, econômico, cultural ou ideológico. Seus fins – repito – são exclusivamente espirituais e apostólicos. De seus sócios exige apenas que vivam cristãmente, que se esforcem por ajustar as suas vidas ao ideal do Evangelho. Não se

---

(3) Estas obras corporativas, de caráter nitidamente apostólico, são promovidas – como acaba de indicar Mons. Escrivá – pelos membros do Opus Dei juntamente com outras pessoas. A Prelazia do Opus Dei, que assume exclusivamente a responsabilidade pela orientação doutrinal e espiritual, não pertencem nem as empresas proprietárias dessas iniciativas nem os correspondentes bens móveis ou imóveis. Os fiéis do Opus Dei que trabalham nessas atividades fazem-no com uma liberdade e uma responsabilidade pessoais, em plena conformidade com as leis do país, e obtendo das autoridades o mesmo reconhecimento que é concedido a outras atividades similares dos demais cidadãos.

imiscui, pois, de maneira nenhuma nas questões temporais.

Se alguém não entende isto, talvez seja porque não compreende a liberdade pessoal ou não consegue distinguir entre os fins exclusivamente espirituais que levam os sócios da Obra a associar-se e o vastíssimo campo das atividades humanas – a economia, a política, a cultura, a arte, a filosofia, etc. – em que os sócios do Opus Dei gozam de plena liberdade e trabalham sob sua própria responsabilidade.

Desde os seus primeiros contactos com a Obra todos os sócios conhecem bem a realidade da sua liberdade individual, de modo que, se em algum caso um deles tentasse pressionar os outros, impondo as suas próprias opiniões em matéria política, ou servir-se deles para interesses humanos, os outros se insurgiriam e o expulsariam imediatamente.

O respeito à liberdade dos seus sócios é condição essencial para a própria existência do Opus Dei. Sem isso, ninguém viria à Obra. Mais ainda: se alguma vez ocorresse – não aconteceu, não acontece e, com a ajuda de Deus, não acontecerá nunca – uma intromissão do Opus Dei na política, ou em algum campo das atividades humanas, o primeiro inimigo da Obra seria eu.

A Associação insiste na liberdade dos sócios para exprimirem as convicções que nobremente defendem. Mas, voltando ao tema sob outro ponto de vista, até que ponto pensa que o Opus Dei esteja moralmente obrigado, como Associação, a manifestar pública ou privadamente opiniões sobre assuntos cruciais, seculares ou espirituais? Há situações em que o Opus Dei lance mão da sua influência e da de seus sócios em defesa de princípios que considere sagrados, como por exemplo recentemente, em apoio da legislação sobre liberdade religiosa na Espanha?

No Opus Dei, procuramos sempre e em tudo sentir com a Igreja de Cristo; não temos outra doutrina fora daquela que a Igreja ensina a todos os fiéis. A única coisa que nos é peculiar é um espírito próprio, característico do Opus Dei; isto é, um modo específico de viver o Evangelho, santificando-nos no mundo e realizando o apostolado através da profissão.

Daí se conclui imediatamente que todos os sócios do Opus Dei têm a mesma liberdade que os outros católicos para formarem livremente as suas opiniões e atuarem em consequência. Por isso o Opus Dei como tal não deve nem pode expressar uma opinião própria, nem a pode ter. Se se trata de uma questão que tenha sido objeto de uma doutrina definida pela Igreja, a opinião de cada um dos sócios da Obra será essa. Se se trata de uma questão sobre a qual o Magistério – o Papa e os Bispos – não se pronunciou, cada um dos sócios do Opus Dei terá e defenderá livremente a opinião que lhe parecer melhor e atuará em consonância.

Por outras palavras, o princípio que regula a atitude dos diretores do Opus Dei neste campo é o do respeito à liberdade de opção nos assuntos temporais. Coisa que é bem diferente do abstencionismo, pois cada sócio é colocado em face das suas próprias responsabilidades e convidado a assumi-las segundo a sua consciência, com liberdade de ação. Por isso, é uma incongruência mencionar o Opus Dei quando se fala de partidos, de grupos ou tendências políticas, ou, em geral, de tarefas e empresas humanas; mais ainda, é injusto e próximo da calúnia, pois pode levar ao erro de se deduzir falsamente que os sócios da Obra têm em comum determinada ideologia, determinada mentalidade ou interesse temporal.

Certamente os sócios são católicos, e católicos que procuram ser consequentes com a sua fé. Pode-se qualificá-los como tais, se se quiser. Mas tendo bem em conta que o fato de ser católico não significa formar grupo, nem sequer no terreno cultural e ideológico, quanto mais no político. Desde o princípio da Obra, não apenas desde o Concílio, procurou-se viver um catolicismo aberto, que defende a legítima liberdade das consciências, que leva a tratar com caridade fraterna todos os homens, sejam ou não católicos, e a colaborar com todos, participando das diversas aspirações nobres que movem a humanidade. Consideremos um exemplo. Ante o problema racial dos Estados Unidos, cada sócio da Obra terá presentes os ensinamentos claros da doutrina cristã sobre a igualdade de todos os homens e a injustiça de qualquer discriminação. Conhecerá igualmente – e sentir-se-á obrigado a perfilhar – as indicações específicas dos bispos norte-americanos sobre o problema. Defenderá, portanto, os legítimos direitos de todos os cidadãos e opor-se-á a qualquer situação ou projeto discriminatório. Terá em conta, além disso, que um cristão não deve contentar-se com respeitar os direitos dos outros homens, mas precisa ver – em todos – irmãos a quem deve um amor sincero e um serviço desinteressado.

Na formação que o Opus Dei proporciona aos seus sócios, insistir-se-á mais nestas ideias nesse país que em outros onde o problema não se apresenta ou se apresenta com menos urgência. O que o Opus Dei não fará nunca é ditar ou mesmo sugerir uma solução concreta para o problema. A decisão de apoiar um projeto de lei ou outro, de inscrever-se numa associação ou noutra – ou de não inscrever-se em nenhuma –, de participar ou não em determinada manifestação é coisa que cada sócio decidirá. E, de fato, comprova-se em toda a parte que os sócios do Opus Dei não atuam em bloco, mas com um lógico pluralismo.

Estes mesmos critérios explicam o fato de que tantos espanhóis que pertencem ao Opus Dei sejam favoráveis ao projeto de lei sobre a liberdade religiosa em seu país, tal como foi redigido recentemente. Trata-se obviamente de uma opção pessoal, como também é pessoal a opinião dos que possam criticar esse projeto. Mas todos aprenderam do espírito do Opus Dei a amar a liberdade e a compreender os homens de todas as crenças. O Opus Dei é a primeira Associação católica que desde 1950, com autorização da Santa Sé, admite como Cooperadores os não católicos e os não cristãos, sem discriminação alguma, com amor por todos.

Como é natural, o senhor sabe que há setores da opinião pública em que o Opus Dei tem fama de ser de certo modo discutido. Poderia dar-me a sua opinião sobre o motivo e especialmente sobre o modo de responder à acusação de "segredo de conspiração" e de "secreta conspiração" que frequentemente se dirige ao Opus Dei?

30   Desagrada-me profundamente tudo o que possa ter visos de autoelogio. Mas, já que me propõe o tema, não posso deixar de lhe dizer que me parece que o Opus Dei é uma das organizações católicas que conta com mais amigos em todo o mundo. Milhões de pessoas, entre os quais muitos não católicos e não cristãos, a estimam e ajudam.

Por outro lado, o Opus Dei é uma organização espiritual e apostólica. Quem se esquecer deste fato fundamental – ou se negar a crer na boa-fé dos sócios do Opus Dei que assim o afirmam –, será incapaz de entender o que fazem. Ante a impossibilidade de compreender, inventam-se versões complicadas e segredos que nunca existiram.

O senhor fala da acusação de segredo. É uma história já antiga. Poderia dizer-lhe, ponto por ponto, qual a origem histórica dessa acusação caluniosa. Durante muitos anos, uma poderosa organização da qual prefiro não falar – nós a amamos e a temos amado sempre – dedicou-se a falsear o que não conhecia. Insistiam em considerar-nos como religiosos e perguntavam a si mesmos: por que não pensam todos do mesmo modo? Por que não andam de hábito ou trazem um distintivo? E ilogicamente concluíram que constituíamos uma sociedade secreta.

Hoje isso passou, e qualquer pessoa medianamente informada sabe que não há segredo algum. Sabe que não trazemos distintivos porque não somos religiosos, mas simples cristãos; que não pensamos todos da mesma maneira porque admitimos o maior pluralismo em tudo o que é temporal e nas questões teológicas de livre opinião. Um melhor conhecimento da realidade e a superação de ciúmes infundados permitiram que se encerrasse essa triste e caluniosa situação.

Não é para estranhar, no entanto, que de vez em quando alguém renove os velhos mitos: como procuramos trabalhar por Deus, defendendo a liberdade pessoal de todos os homens, sempre teremos contra nós os sectários, inimigos dessa liberdade pessoal, seja de que campo forem, tanto mais agressivos quanto menos puderem suportar a simples ideia de religião ou, pior ainda, se se apoiarem num pensamento religioso de tipo fanático.

Não obstante, são felizmente em maior número as publicações que não se contentam com a repetição de coisas velhas e falsas, que têm a clara consciência de que ser imparcial não é difundir coisas a meio caminho entre a realidade e a calúnia, sem um esforço por refletir a verdade objetiva. Pessoalmente, penso que também é notícia dizer a verdade, especialmente quando se trata de informar sobre a atividade de tantas pessoas que, pertencendo ao Opus Dei ou colaborando com ele, se esforçam, apesar dos erros pessoais – eu os tenho, e não estranho que os outros também os tenham –, por realizar uma tarefa de serviço a todos os homens. Desmontar um falso mito é sempre interessante. Considero que é um dever grave do jornalista documentar-se bem e manter atualizadas as suas informações, ainda que às vezes isso leve a modificar juízos feitos anteriormente. Será assim tão difícil admitir que uma coisa é límpida, nobre e boa, sem referver absurdas, velhas e desacreditadas falsidades?

Informar-se sobre o Opus Dei é bem simples. Em todos os países a Obra trabalha à luz do dia, com o reconhecimento jurídico das autoridades civis e eclesiásticas. São perfeitamente conhecidos os nomes dos seus diretores e das suas obras apostólicas. Quem quer que deseje informações sobre a nossa Obra pode obtê-las sem dificuldade, entrando em contacto com os seus diretores ou apresentando-se em alguma das nossas obras corporativas. O senhor mesmo pode ser testemunha de que nunca nenhum dos dirigentes do Opus Dei, ou dos que recebem os jornalistas, deixou de lhes facilitar a tarefa informativa, respondendo às suas perguntas ou entregando-lhes a documentação adequada.

Nem eu nem nenhum dos sócios do Opus Dei pretendemos que toda a gente nos compreenda ou partilhe dos nossos ideais espirituais. Sou muito amigo da liberdade e de que cada um siga o seu caminho. Mas é evidente que temos o direito elementar de ser respeitados.

Como explica o imenso êxito do Opus Dei e por que critérios mede o senhor esse êxito?

Quando um empreendimento é sobrenatural, pouco 31 importam o êxito ou o fracasso, tal como se costumam entender vulgarmente. Já dizia São Paulo aos cristãos de Corinto que, na vida espiritual, o que interessa não é o juízo dos outros, nem o nosso próprio, mas o juízo de Deus.

É verdade que a Obra está hoje universalmente estendida: a ela pertencem homens e mulheres de cerca de 70 nacionalidades. Ao pensar nesse fato, eu mesmo me surpreendo. Não encontro para isso explicação humana alguma, a não ser a vontade de Deus, pois o Espírito sopra onde quer e serve-se de quem quer para levar a cabo a santificação dos homens. Tudo isso é para mim ocasião de ação de graças, de humildade e de oração a Deus, para saber sempre servi-Lo.

Pergunta-me também qual é o critério com que meço e julgo as coisas. A resposta é muito simples: santidade, frutos de santidade.

O apostolado mais importante do Opus Dei é aquele que cada sócio realiza através do testemunho da sua vida e com a sua palavra, no convívio diário com os seus amigos e colegas de profissão. Quem pode medir a eficácia sobrenatural deste apostolado calado e humilde? Não se pode avaliar a ajuda que representa o exemplo de um amigo leal e sincero, ou a influência de uma boa mãe no seio da família.

Mas talvez a sua pergunta se refira aos apostolados corporativos que o Opus Dei leva a cabo, na suposição de que, neste caso, se podem medir os resultados do ponto de vista humano, técnico: se uma escola de capacitação operária consegue promover socialmente os homens que a frequentam, se uma universidade dá aos seus estudantes uma formação profissional e cultural adequadas. Admitindo que a sua pergunta tenha esse sentido, dir-lhe-ei que o resultado se pode explicar, em parte, por se tratar de tarefas realizadas por pessoas que as executam como atividade profissional específica, para a qual se preparam como todo aquele que deseja realizar um trabalho sério. Isto quer dizer, entre outras coisas, que não se promovem essas obras de acordo com esquemas preconcebidos, mas que em cada caso se estudam as necessidades peculiares da sociedade em que se vão inserir, para adaptá-las às exigências reais.

Mas repito-lhe que o Opus Dei não se interessa primordialmente pela eficácia humana. O êxito ou o fracasso real desses trabalhos depende de que, sendo humanamente bem feitos, sirvam ou não para que, tanto os que realizam essas atividades como os que delas se beneficiam, amem a Deus, sintam-se irmãos de todos os demais homens e manifestem estes sentimentos num serviço desinteressado à humanidade.

Poderia descrever como e por que fundou o Opus Dei, e os acontecimentos que considera marcos mais importantes do seu desenvolvimento?

32   Por quê? As obras que nascem da vontade de Deus não têm outro porquê senão o desejo divino de utilizá-las como expressão da Sua vontade salvífica universal. Desde o primeiro momento, a Obra era universal, católica. Não nascia para dar solução aos problemas

concretos da Europa dos anos vinte, mas para dizer aos homens e mulheres de todos os países, de qualquer condição, raça, língua ou ambiente – e de qualquer estado: solteiros, casados, viúvos, sacerdotes –, que podiam amar e servir a Deus sem deixarem de viver no seu trabalho ordinário, com a sua família, nas suas variadas e normais relações sociais.

Como se fundou? Sem nenhum meio humano. Eu tinha apenas 26 anos, graça de Deus e bom humor. A Obra nasceu pequena: não era senão o anseio de um sacerdote, que se esforçava por fazer o que Deus lhe pedia.

Pergunta-me por marcos. Para mim, marco fundamental na Obra é qualquer momento, qualquer instante em que, através do Opus Dei, uma alma se aproxima de Deus, fazendo-se assim mais irmão de seus irmãos, os homens.

Talvez quisesse que lhe falasse dos pontos cruciais cronológicos. Ainda que não sejam os mais importantes, dar-lhe-ei de memória umas datas, mais ou menos aproximadas. Já nos primeiros meses de 1935, estava tudo preparado para se começar a trabalhar na França, concretamente em Paris. Mas vieram primeiro a guerra civil espanhola e depois a segunda guerra mundial, e foi preciso adiar a expansão da Obra. Como esse desenvolvimento era necessário, o adiamento foi mínimo. Já em 1940 se iniciava o trabalho em Portugal. Quase ao mesmo tempo em que cessavam as hostilidades, com algumas viagens prévias nos anos anteriores, começou-se na Inglaterra, França, Itália, Estados Unidos e México. Depois, a expansão adquire um ritmo progressivo. A partir de 1949 e 1950: na Alemanha, Holanda, Suíça, Argentina, Canadá, Venezuela e os restantes países europeus e americanos. Ao mesmo tempo, o trabalho vai-se estendendo a outros continentes: o norte da África, o Japão, o Quênia, a Austrália, as Filipinas, a Nigéria, etc.

Também gosto de recordar especialmente, como datas principais, as contínuas ocasiões em que se manifestou de um modo palpável o afeto dos Sumos Pontífices pela nossa Obra. Resido estavelmente em Roma desde 1946, e assim tive ocasião de conhecer e tratar com Pio XII, João XXIII e Paulo VI. Em todos encontrei sempre o afeto de um pai.

Estaria de acordo com a afirmação, feita alguma vez, de que o ambiente peculiar da Espanha durante os últimos trinta anos facilitou o crescimento da Obra em seu país?

33   Em poucos lugares deparamos com menos facilidades do que na Espanha. É o país – sinto dizê-lo, por que amo profundamente a minha pátria – em que mais trabalho e sofrimento custou fazer com que a Obra ganhasse raízes. Mal nascera, encontrou logo a oposição dos inimigos da liberdade individual e de pessoas tão aferradas às ideias tradicionais, que não podiam compreender a vida dos sócios do Opus Dei: cidadãos comuns, que se esforçam por viver plenamente a sua vocação cristã sem deixar o mundo.

As obras corporativas de apostolado também não encontraram especiais facilidades na Espanha. Governos de países onde a maioria dos cidadãos não são católicos auxiliaram, com muito mais generosidade que o Estado espanhol, as atividades docentes e beneficentes promovidas por sócios da Obra. A ajuda que esses governos concedem ou podem conceder às obras corporativas do Opus Dei, como fazem de modo habitual com outras semelhantes, não representa um privilégio, mas simplesmente o reconhecimento da função social que desempenham, poupando dinheiro ao erário público.

Na sua expansão internacional, o espírito do Opus Dei encontrou eco imediato e profunda acolhida em todos os países. Se tropecei com dificuldades, foi pelas falsidades que vinham precisamente da Espanha e inventadas por espanhóis, por alguns setores muito concretos da sociedade espanhola. Em primeiro lugar, pela organização internacional de que lhe falava; mas não parece haver dúvidas de que isso é coisa do passado, e eu não guardo rancor a ninguém. Depois, por algumas pessoas que não entendem o pluralismo, que adotam atitudes de grupo, quando não caem numa mentalidade estreita ou totalitária, e que se servem do nome de católicos para fazer política. Alguns deles, não consigo perceber por quê – talvez por falsas razões humanas –, parecem sentir um prazer especial em atacar o Opus Dei, e como dispõem de grandes meios econômicos – o dinheiro dos contribuintes espanhóis –, os seus ataques podem ser acolhidos por certa imprensa.

Dou-me conta perfeitamente de que o senhor está esperando que lhe cite nomes concretos de pessoas e instituições. Não lhos darei, e espero que compreenda a razão. Nem a minha missão nem a da Obra são políticas: meu ofício é rezar. E não quero dizer nada que possa interpretar-se como uma intervenção na política. Mais ainda, dói-me muito falar de tudo isto. Calei-me durante quase 40 anos e, se agora digo alguma coisa, é porque tenho a obrigação de denunciar como absolutamente falsas as interpretações torcidas que alguns tentam dar a um trabalho que é exclusivamente espiritual. Por isso, embora me tenha calado até agora, daqui em diante falarei, e, se necessário, cada vez com maior clareza.

Mas, voltando ao tema central da sua pergunta, se muitas pessoas de todas as classes sociais, também na Espanha, procuraram seguir a Cristo com a ajuda da Obra e de acordo com o seu espírito, não se pode procurar a explicação no ambiente ou em outros motivos extrínsecos. Prova disso é que os que afirmam o contrário com tanta leviandade veem diminuir os seus próprios grupos, e as causas exteriores são as mesmas para todos. Talvez seja também porque, falando em termos humanos, eles formam grupos e nós não tiramos a liberdade pessoal de ninguém.

Se o Opus Dei está bem desenvolvido na Espanha – como também em algumas outras nações –, isso se pode dever em parte ao fato de lá o nosso trabalho espiritual se ter iniciado há 40 anos, e – como já lhe expliquei – a guerra civil espanhola e depois a guerra mundial terem feito necessário adiar o começo da Obra em outros países. Quero fazer constar, não obstante, que já há vários anos os espanhóis são minoria na Obra.

Não pense, repito, que não amo o meu país, ou que não me alegra profundamente o trabalho que a Obra lá realiza, mas é triste que haja quem propague equívocos sobre o Opus Dei e a Espanha.

O apostolado do Opus Dei nos cinco continentes[1]

Certas pessoas têm afirmado algumas vezes que o Opus Dei está organizado interiormente segundo as normas das sociedades secretas. Que se pode pensar de semelhante afirmação? A este propósito, poderia dar-nos também uma ideia da mensagem que queria dirigir aos homens do nosso tempo ao fundar a Obra em 1928?

Desde 1928 tenho pregado que a santidade não é coisa para privilegiados, que podem ser divinos todos os caminhos da terra, porque o eixo da espiritualidade específica do Opus Dei é a santificação do trabalho cotidiano. É preciso desfazer o preconceito de que os simples fiéis não têm outra alternativa senão limitar-se a ajudar o clero, em apostolados eclesiásticos; e fazer notar que, para alcançar este fim sobrenatural, os homens precisam ser e sentir-se pessoalmente livres, com

---

[1] Entrevista realizada por Jacques Guillemé-Brulon. Publicada em *Le Figaro* (Paris), em 16-05-1966.

a liberdade que Jesus Cristo nos ganhou. Para pregar e ensinar a praticar essa doutrina, nunca necessitei de segredo algum. Os sócios da Obra abominam o segredo, porque são fiéis comuns, iguais aos outros: ao entrarem para o Opus Dei, não mudam de estado. Repugnar-lhes-ia trazer um cartaz nas costas que dissesse: "Saibam todos que estou dedicado ao serviço de Deus". Isso não seria laical nem secular. Mas os que convivem com os sócios do Opus Dei e os conhecem, sabem que eles fazem parte da Obra, ainda que não o apregoem, porque também não o escondem.

Poderia esboçar um breve quadro das estruturas do Opus Dei em nível mundial e da sua articulação com o Conselho Geral a que o senhor preside em Roma?

35 O Conselho Geral tem o seu domicílio em Roma, independente para cada Secção: a de homens e a de mulheres *(Anuário Pontifício, 1966, p. 885 e 1226)*; e em cada país existe um organismo análogo, presidido pelo Conselheiro do Opus Dei nessa nação[2]. Não pense

---

(2) Cf. nota ao n. 19. A ereção do Opus Dei como Prelazia pessoal reforçou juridicamente a unidade do Opus Dei, deixando bem claro que toda a Prelazia – homens e mulheres, sacerdotes e leigos, casados e solteiros – constitui uma unidade pastoral orgânica e indivisível, que realiza os seus apostolados por meio da Secção de homens e da Secção de mulheres, sob o governo e a direção do Prelado que, ajudado pelos seus Vigários e pelos seus Conselhos, dá e assegura a unidade fundamental de espírito e de jurisdição entre as duas Secções.

Quanto ao resto, a única alteração que seria necessário introduzir nesta resposta é meramente terminológica: em vez de Conselheiro, deveria dizer-se Vigário Regional. Continua plenamente em vigor tudo o que Mons. Escrivá afirma sobre o espírito com que se exerce a direção no Opus Dei.

numa organização potente, capilarmente estendida até o último recanto. Imagine antes uma organização desorganizada, porque o trabalho dos diretores do Opus Dei destina-se principalmente a fazer com que chegue a todos os sócios o espírito genuíno do Evangelho – espírito de caridade, de convivência, de compreensão, absolutamente alheio ao fanatismo – através de uma sólida e oportuna formação teológica e apostólica. A partir daí, cada um age com inteira liberdade pessoal e, formando autonomamente a sua própria consciência, procura alcançar a perfeição cristã e cristianizar o seu ambiente, santificando o seu próprio trabalho, intelectual ou manual, em todas as circunstâncias da sua vida e no seu próprio lar.

Por outro lado, a direção da Obra é sempre colegial. Detestamos a tirania, especialmente neste governo exclusivamente espiritual do Opus Dei. Amamos a pluralidade; o contrário só poderia conduzir à ineficácia, a não fazer nem deixar fazer, a não melhorar.

O ponto 484 do seu código espiritual, "Caminho", precisa: "Teu dever é ser instrumento". Que sentido se deve atribuir a esta afirmação no contexto das perguntas anteriores?

Caminho, um código? Não! Escrevi em 1934 uma boa parte desse livro, resumindo para todas as almas com quem lidava – do Opus Dei ou não – a minha experiência sacerdotal. Não imaginei que, trinta anos depois, alcançaria uma difusão tão ampla – milhões de exemplares – em tantas línguas. Não é um livro apenas para os sócios do Opus Dei; é para todos, mesmo para os não cristãos. Entre as pessoas que por iniciativa própria o traduziram, contam-se ortodoxos, protestantes e não cristãos. *Caminho* deve ser lido com um mínimo de espírito sobrenatural, de vida interior e de preocupação apostólica. Não é um código do homem de ação. Pretende ser um livro que leve a ganhar intimidade com Deus, a amá-lo; e a servir a todos: a ser instrumento – era essa a sua pergunta – como o Apóstolo Paulo queria sê-lo de Cristo. Instrumento livre e responsável: os que querem ver em suas páginas uma finalidade temporal, enganam-se. Não esqueça que, entre os autores espirituais de todos os tempos, é comum considerar as almas como instrumentos nas mãos de Deus.

A Espanha ocupa um lugar de preferência na Obra? Pode-se considerar como ponto de partida para um programa mais ambicioso ou um simples setor de atividade entre muitos outros?

37   A Espanha não é mais do que um dos 65 países em que há pessoas do Opus Dei, e os espanhóis são uma minoria. O Opus Dei nasceu geograficamente na Espanha, mas desde o princípio o seu fim era universal. Além disso, resido em Roma há vinte anos.

O fato de alguns sócios da Obra estarem presentes na vida pública do país não politizou de algum modo o Opus Dei na Espanha? Não comprometem assim a Obra e a própria Igreja?

Nem na Espanha nem em lugar algum. Insisto em que cada um dos sócios do Opus Dei trabalha com plena liberdade e sob sua responsabilidade pessoal, sem comprometer nem a Igreja nem a Obra, porque não se apoiam nem na Igreja nem na Obra para realizarem as suas atividades pessoais.

Pessoas formadas numa concepção militar do apostolado e da vida espiritual terão tendência a encarar o trabalho livre e pessoal dos cristãos como uma atuação coletiva. Mas digo-lhe, como não me cansei de repetir desde 1928, que a diversidade de opiniões e atuações no terreno temporal e no campo teológico de livre opção não é para a Obra nenhum problema: a diversidade que existe e existirá sempre entre os sócios do Opus Dei é, pelo contrário, uma manifestação de bom espírito, de vida limpa, de respeito às legítimas opções de cada um.

38

O senhor não acha que na Espanha, em virtude das particularidades inerentes à raça ibérica, um certo setor da Obra poderia sentir-se tentado a utilizar a sua força para satisfazer interesses particulares?

O senhor formula uma hipótese que me atrevo a garantir que não se apresentará nunca na nossa Obra; não só porque nos associamos *exclusivamente* para fins sobrenaturais, mas porque se alguma vez um sócio do Opus Dei tentasse impor, direta ou indiretamente, um critério temporal aos demais sócios, ou servir-se deles para fins humanos, seria expulso sem contemplações,

39

porque os outros sócios se rebelariam legitimamente, santamente.

Na Espanha, o Opus Dei preza-se de reunir pessoas de todas as classes sociais. É válida esta afirmação para o resto do mundo ou deve-se admitir que nos outros países os sócios do Opus Dei procedem de ambientes mais ilustrados, como seriam os estados-maiores da indústria, da administração, da política e das profissões liberais?

40   De fato, tanto na Espanha como em todo o mundo, pertencem ao Opus Dei pessoas de todas as condições sociais: homens e mulheres, velhos e jovens, trabalhadores, industriais, empregados, camponeses, pessoas que exercem profissões liberais, etc. A vocação, é Deus quem a dá; e, para Deus, não há distinção de pessoas.

Mas o Opus Dei não se preza de coisa alguma: as obras apostólicas não devem o seu crescimento às forças humanas, mas ao sopro do Espírito Santo. Numa associação com uma finalidade terrena, é lógico que se publiquem estatísticas ostentosas sobre o número, condição e qualidades dos sócios, e assim costumam fazê-lo de fato as organizações que buscam um prestígio temporal; mas esse modo de agir, quando se procura a santificação das almas, favorece a soberba coletiva; e Cristo quer a humildade de cada cristão e dos cristãos como um todo.

Qual é a situação atual do desenvolvimento da Obra na França?

Como lhe dizia, o governo da Obra em cada país é 41 autônomo. A melhor informação sobre o trabalho do Opus Dei na França, pode obtê-la pedindo-a aos diretores da Obra no país.

Entre os trabalhos que o Opus Dei desenvolve corporativamente, e de que se responsabiliza como tal, contam-se residências para estudantes – como a Résidence Internationale de Rouvray, em Paris; ou a Résidence Universitaire de L'IIe Verte, em Grenoble –, centros de reuniões e convívios – como o Centre de Rencontre Couvrelles, no departamento de l'Aisne –, etc. Mas recordo-lhe que as obras corporativas são o que menos importa: o principal trabalho do Opus Dei é o testemunho pessoal, direto, que os seus sócios dão no ambiente do seu trabalho. E, para isso, a enumeração não serve. Não pense no fantasma do segredo. Não! Não são um segredo os pássaros que sulcam os céus, e a ninguém passa pela cabeça contá-los.

Qual é a situação atual da Obra no resto do mundo especialmente no mundo anglo-saxônico?

O Opus Dei encontra-se tão à vontade na Inglater- 42 ra como no Quênia, na Nigéria como no Japão; nos Estados Unidos como na Áustria, na Irlanda como no México ou na Argentina. Em cada lugar, é o mesmo fenômeno teológico e pastoral, enraizado nas almas do país. Não se baseia numa cultura determinada, nem numa época específica da história. No mundo anglo-saxônico, graças à ajuda de Deus e à cooperação de muitas pessoas, o Opus Dei tem obras apostólicas de diversos tipos: Netherhall House, em Londres, que presta especial atenção a universitários afro-asiáticos; Hudson Center, em Montreal, para a formação humana e intelectual de moças; Nairana Cultural Center, que se destina aos estudantes de Sydney... Nos Estados Unidos, onde o Opus Dei começou a trabalhar em 1949, podem-se mencionar: Midtown, para trabalhadores, num bairro do coração de Chicago; Stonecrest Community Center, em Washington, destinado à educação de mulheres que pretendem uma capacitação profissional; Trimount House, residência universitária em Boston, etc. Uma advertência: a influência da Obra, na medida em que possa havê-la em cada caso, será sempre espiritual, de ordem religiosa, nunca temporal.

Diversas fontes pretendem que existiria uma profunda inimizade entre a maior parte das ordens religiosas, e particularmente a Companhia de Jesus, e o Opus Dei. Há algum fundamento para esses rumores ou fazem parte desses mitos que a gente alimenta quando não conhece bem um assunto?

43   Embora não sejamos religiosos, nem nos pareçamos com os religiosos – nem haja autoridade no mundo que possa obrigar-nos a sê-lo –, no Opus Dei veneramos e amamos o estado religioso. Todos os dias rezo para que

todos os veneráveis religiosos continuem oferecendo à Igreja frutos de virtudes, de obras apostólicas e de santidade. Os rumores de que se falou são... rumores. O Opus Dei contou sempre com a admiração e a simpatia dos religiosos de tantas ordens e congregações, de modo particular dos religiosos e religiosas de clausura, que rezam por nós, nos escrevem com frequência e dão a conhecer a nossa Obra de mil maneiras, porque se apercebem da nossa vida de contemplação no meio das ocupações da rua. O Secretário Geral do Opus Dei, Pe. Álvaro del Portillo, conhecia pessoalmente e estimava o anterior Geral da Companhia de Jesus. Quanto ao atual, o Pe. Arrupe, sou eu que mantenho relação com ele e o estimo, como ele a mim. As incompreensões, se se produzissem, demonstrariam pouco espírito cristão, porque a nossa fé é de unidade, não de rivalidades nem de divisões.

Qual a posição da Obra sobre a declaração conciliar a favor da liberdade religiosa, e especialmente sobre a sua aplicação à Espanha, onde o "projeto Castiella" está ainda em suspenso? E que dizer desse pretenso "integrismo" que algumas vezes se censurou ao Opus Dei?

Integrismo? O Opus Dei não está nem à direita, nem à esquerda, nem no centro. Eu, como sacerdote, procuro estar com Cristo, que sobre a Cruz abriu os dois braços e não apenas um deles; de cada grupo, tomo com liberdade aquilo que me convence e que me faz ter o coração e os braços acolhedores para com toda a humanidade; e

44

cada um dos sócios é libérrimo de fazer as opções que quiser, dentro dos limites da fé cristã.

Quanto à liberdade religiosa, desde que foi fundado, o Opus Dei não fez nunca discriminações; trabalha e convive com todos, porque em cada pessoa vê uma alma que se deve respeitar e amar. Não são meras palavras; a nossa Obra é a primeira organização católica que, com a autorização da Santa Sé, admite como Cooperadores os não católicos, sejam cristãos ou não. Defendi sempre a liberdade das consciências. Não compreendo a violência: não me parece apta nem para convencer nem para vencer; o erro se vence com a oração, com a graça de Deus, com o estudo; nunca com a força, sempre com a caridade. Compreenderá que, sendo este o espírito que temos vivido desde o primeiro momento, só me podem ter causado alegria os ensinamentos que o Concílio promulgou a este respeito. Quanto ao projeto específico a que se refere, não é questão da minha competência, mas da Hierarquia da Igreja na Espanha e dos católicos desse país: a eles é que cabe aplicar ao caso concreto o espírito do Concílio.

Alguns leitores de "Caminho" manifestam estranheza perante a afirmação contida no ponto 28 desse livro: "O matrimônio é para o exército e não para o estado-maior de Cristo". Pode-se ver aí uma apreciação pejorativa do matrimônio, contrária ao desejo da Obra de inserir-se nas realidades vivas do mundo moderno?

Aconselho-o a ler o ponto anterior de *Caminho*, em 45
que se diz que o matrimônio é uma vocação divina.
Não era nada frequente ouvir afirmações como essa por
volta de 1935. Tirar as conclusões de que o senhor fala
é não entender as minhas palavras. Com essa metáfora,
queria exprimir o que a Igreja sempre ensinou sobre a
excelência e o valor sobrenatural do celibato apostólico, e recordar ao mesmo tempo a todos os cristãos
que, com palavras de São Paulo, devem sentir-se *milites Christi*, soldados de Cristo, membros desse Povo
de Deus que realiza na terra uma luta divina de compreensão, de santidade e de paz. Há em todo o mundo
muitos milhares de casais que pertencem ao Opus Dei,
ou que vivem segundo o seu espírito, sabendo que um
soldado pode ser condecorado na mesma batalha em
que o general fugiu vergonhosamente.

Em 1946, o senhor fixou residência em Roma. Que expressões felizes dos Pontífices que conheceu se destacam em suas recordações?

Para mim, depois da Trindade Santíssima e da nos- 46
sa Mãe, a Virgem, vem logo o Papa, na hierarquia do
amor. Não posso esquecer que foi S.S. Pio XII quem
aprovou o Opus Dei quando, para mais de uma pessoa,
este caminho de espiritualidade soava a *heresia*; como
também não esqueço que as primeiras palavras de carinho e afeto que recebi em Roma, em 1946, me foram
ditas pelo então Mons. Montini. Tenho também muito
gravado o encanto afável e paternal de João XXIII, de
todas as vezes que tive ocasião de visitá-lo. Uma vez

lhe disse: "Na nossa Obra todos os homens, católicos ou não, têm encontrado sempre um lugar amável: não aprendi o ecumenismo de Vossa Santidade... E o Santo Padre João ria, emocionado. Que quer que lhe diga? Sempre os Romanos Pontífices, todos, manifestaram compreensão e carinho para com o Opus Dei.

> *Tive ocasião, Monsenhor, de escutar as suas respostas às perguntas que lhe fazia um público de 2.000 pessoas, reunidas há um ano e meio em Pamplona. Insistia então o senhor na necessidade de que os católicos se comportassem como cidadãos responsáveis e livres, e que "não vivessem de ser católicos". Que importância e que projeção dá a essa ideia?*

47   Nunca deixou de me incomodar a atitude daqueles que fazem de *chamar-se católicos* uma profissão, como a dos que querem negar o princípio da responsabilidade pessoal, sobre o qual se baseia toda a moral cristã.

O espírito da Obra e o dos seus sócios é servir à Igreja e a todas as criaturas, sem servir-se da Igreja. Gosto de que o católico traga Cristo, não no nome, mas na conduta, dando testemunho real de vida cristã. Repugna-me o clericalismo e compreendo que – ao lado de um anticlericalismo mau – haja também um anticlericalismo bom, que procede do amor ao sacerdócio, que se opõe a que o simples fiel ou o sacerdote usem de uma missão sagrada para fins terrenos.

Mas não pense que com isso me declaro contra quem quer que seja. Não existe na nossa Obra nenhum propósito exclusivista, mas o desejo de colaborar com todos os que trabalham por Cristo e com todos os que, cristãos ou não, fazem da sua vida uma esplêndida realidade de serviço.

De resto, o importante não é apenas a projeção que dei a estas ideias, especialmente desde 1928, mas a que lhe dá o Magistério da Igreja. E não há muito tempo – com uma emoção, para este pobre sacerdote, que é difícil explicar –, o Concílio recordava a todos os cristãos, na Constituição Dogmática *De Ecclesia,* que devem sentir-se plenamente cidadãos da cidade terrena, trabalhando em todas as atividades humanas com competência profissional e com amor a todos os homens, procurando a perfeição cristã a que são chamados pelo simples fato de terem recebido o Batismo.

Por que tantos homens se aproximam do Opus Dei?[1]

Poderia dizer se, ou até que ponto, o Opus Dei na Espanha tem uma orientação econômica ou política? Se assim for, poderia defini-la?

O Opus Dei não tem nenhuma orientação econômica ou política, nem na Espanha nem em nenhum outro lugar. É certo que, impelidos pela doutrina de Cristo, os seus sócios defendem sempre a liberdade pessoal e o direito que todos os homens têm de viver e trabalhar, de ser amparados na doença e na velhice, de constituir um lar e trazer filhos ao mundo, de educar esses filhos de acordo com o talento de cada um, e de receber um tratamento digno de homens e de cidadãos. Mas a Obra não lhes propõe nenhum caminho específico, nem econômico, nem político, nem cultural. Cada um

---

(1) Entrevista realizada por Tad Szulc, correspondente do *New York Times*, em 7-10-1966.

de seus sócios tem plena liberdade para pensar e agir nessas matérias como melhor lhe pareça. Em todos os assuntos temporais, os sócios da Obra são libérrimos: no Opus Dei cabem pessoas de todas as tendências políticas, culturais, sociais e econômicas que a consciência cristã possa admitir.

Eu não falo nunca de política. Minha missão como sacerdote é exclusivamente espiritual. Além disso, mesmo que alguma vez chegasse a exprimir uma opinião em questões de ordem temporal, os sócios da Obra não teriam nenhuma obrigação de segui-la.

Os diretores da Obra não podem impor nunca um critério político ou profissional aos demais sócios. Se alguma vez um sócio da Obra tentasse fazê-lo, ou servir-se de outros sócios para fins humanos, seria expulso sem contemplações, porque os outros sócios se rebelariam legitimamente.

Não perguntei nem perguntarei nunca a nenhum sócio da Obra de que partido é ou que doutrina política perfilha, porque me pareceria um atentado à sua liberdade. E o mesmo fazem os diretores do Opus Dei em todo o mundo.

Sei, no entanto, que entre os sócios da Obra – na Espanha como em qualquer outro país – há de fato grande variedade de opiniões, e nada tenho a dizer contra isso. Respeito-as todas, como respeitarei sempre qualquer opção temporal assumida por um homem que se esforce por agir segundo a sua consciência.

Para a Obra, esse pluralismo não é um problema. Pelo contrário, é uma manifestação de bom espírito, que deixa patente a legítima liberdade de cada um.

É um mito, uma meia-verdade ou uma realidade que o Opus Dei na Espanha se converteu numa potência política e econômica através das posições que seus sócios ocupam no mundo da política e da economia?

É simplesmente um erro. A maioria dos sócios da Obra são pessoas de condição social média ou até modesta: trabalhadores manuais, serventuários, camponeses, empregados, professores, etc. Há também alguns – muito menos – que desenvolvem a sua profissão no mundo da política e da economia. Tanto uns como outros atuam a título exclusivamente pessoal, agem com plena autonomia e responsabilizam-se pessoalmente por suas atuações.

Os fins do Opus Dei são exclusivamente espirituais. O que pede a todos os seus sócios, exerçam ou não uma especial influência social, é apenas que lutem por viver uma vida plenamente cristã. Não lhes dá nenhuma diretriz sobre o modo de desenvolverem o seu trabalho. Não tenta coordenar as suas atividades. Não se serve dos cargos que possam ocupar.

Neste sentido, a Obra poderia comparar-se a um clube esportivo ou a uma associação de fins beneficentes, que nada tem a ver com as atividades políticas ou econômicas que os seus filiados possam exercer.

Se, como pretendem os seus sócios, o Opus Dei é simplesmente uma associação religiosa, em que cada indivíduo é livre de seguir as suas próprias opiniões, como explica a crença muito difundida de que o Opus Dei é uma organização monolítica, com posições muito definidas em assuntos temporais?

50   Não me parece que essa opinião esteja realmente muito difundida. Muitos dos órgãos mais qualificados da imprensa internacional têm reconhecido o pluralismo dos sócios da Obra.

Houve certamente pessoas que sustentaram essa opinião errónea a que o senhor se refere. É possível que alguns, por motivos diversos, tenham difundido essa ideia, mesmo sabendo que não corresponde à realidade. Penso que em muitos outros casos isso se pode dever à falta de conhecimento, ocasionada talvez por uma deficiência de informação: não estando bem informados, não é de estranhar que pessoas que não têm interesse suficiente para entrarem em contacto pessoal com o Opus Dei e informar-se bem, atribuam à Obra como tal as opiniões de um pequeno número de sócios.

O certo é que ninguém medianamente informado sobre os assuntos espanhóis pode desconhecer a realidade do pluralismo existente entre os sócios da Obra. O senhor mesmo poderia certamente citar muitos exemplos.

Outro fator pode ser o preconceito subconsciente de pessoas que têm mentalidade de partido único, no terreno político ou no espiritual. Os que têm essa mentalidade e pretendem que todos pensem o mesmo que eles, acham difícil admitir que haja quem seja capaz de respeitar a liberdade dos outros. Atribuem assim à Obra o caráter monolítico que têm os seus próprios grupos.

Acredita-se geralmente que, como organização, o Opus Dei maneja uma considerável força econômica. Uma vez que o Opus Dei desenvolve de fato atividades de tipo educativo, beneficente, etc., poderia explicar-nos como é que o Opus Dei administra essas atividades, quer dizer, como obtém os recursos financeiros, como os coordena e os distribui?

Efetivamente, em todos os países onde trabalha, o Opus Dei leva a cabo atividades sociais, educativas e beneficentes. Não é esse, no entanto, o principal trabalho da Obra; o que o Opus Dei pretende é que haja muitos homens e mulheres que procurem ser bons cristãos e, portanto, testemunhas de Cristo no meio de suas ocupações ordinárias. Os centros a que se refere têm em vista precisamente essa finalidade. Por isso, a eficácia de todo o nosso trabalho fundamenta-se na graça de Deus e numa vida de oração, de trabalho e de sacrifício. Mas não resta dúvida de que qualquer atividade educativa, beneficente ou social tem que lançar mão de meios econômicos.

Cada centro se financia do mesmo modo que qualquer outro do seu tipo. As residências de estudantes, por exemplo, contam com as pensões pagas pelos residentes; os colégios, com as cotas pagas pelos alunos; as escolas agrícolas, com a venda de seus produtos, etc. É evidente, no entanto, que essas verbas quase nunca são suficientes para fazer face a todos os gastos de um centro, sobretudo se se tem em conta que todos os trabalhos do Opus Dei se subordinam a um critério apostólico e a maioria deles se dirige a pessoas de escassos recursos econômicos que – em muitas ocasiões – pagam quantias simbólicas pela formação que lhes é oferecida.

Para tornar possíveis esses trabalhos, conta-se também com as contribuições dos sócios da Obra, que a eles destinam parte do dinheiro que ganham com o seu trabalho profissional, mas principalmente com a ajuda de muitas pessoas que, sem pertencerem ao Opus Dei, querem colaborar em tarefas de transcendência social e educativa. Os que trabalham em cada centro procuram fomentar nas pessoas o impulso apostólico, a preocupação social, o sentido comunitário, que as levam a colaborar ativamente na realização dessas iniciativas. Como se trata de trabalhos feitos com seriedade profissional, que vão ao encontro de necessidades reais da sociedade, na maioria dos casos a resposta tem sido generosa. A Universidade de Navarra, por exemplo, conta com uma Associação de Amigos de cerca de 12.000 membros.

O financiamento de cada centro é autônomo. Cada um funciona com independência e procura obter os fundos necessários entre pessoas interessadas naquele trabalho concreto.

O senhor aceitaria a afirmação de que o Opus Dei "controla" de fato determinados bancos, empresas, jornais, etc.? Se assim é, que significa controle neste contexto?

52 Há sócios do Opus Dei – bem menos do que se disse certa vez – que exercem o seu trabalho profissional na direção de empresas de diversos tipos. Uns dirigem empresas familiares, que herdaram de seus pais. Outros estão à testa de sociedades que eles mesmos fundaram, sozinhos ou com outras pessoas da mesma profissão. Outros foram nomeados gerentes desta ou daquela empresa por seus donos, que tinham confiança na sua capacidade e conhecimentos. Podem ter chegado aos cargos que ocupam por qualquer dos caminhos honestos que uma pessoa costuma percorrer para chegar a uma posição desse tipo. Quer dizer, é algo que nada tem a ver com o fato de pertencerem à Obra.

Os diretores de empresa que fazem parte do Opus Dei procuram, como todos os sócios, viver o espírito evangélico no exercício da sua profissão. Isto exige deles, em primeiro lugar, que vivam escrupulosamente a justiça e a honestidade. Procurarão, portanto, realizar o seu trabalho honradamente: pagar um salário justo aos seus empregados, respeitar os direitos dos acionistas ou proprietários da sociedade e cumprir todas as leis do país. Evitarão qualquer gênero de partidarismos ou favoritismos com respeito às outras pessoas, sejam ou não sócios do Opus Dei. Entendo que o favoritismo seria contrário não só à busca da plenitude da vida cristã – que é o motivo pelo qual entraram na Obra –, mas às exigências mais elementares da moral evangélica.

Falei antes da liberdade absoluta de que gozam todos os sócios da Obra no seu trabalho profissional. Isto significa que os sócios que dirigem empresas de qualquer tipo o fazem de acordo com os seus critérios pessoais, sem receber orientação alguma dos diretores sobre o modo de executarem esse trabalho. Tanto a política econômica e financeira que seguem na administração da empresa como a orientação ideológica, no caso de uma empresa de opinião pública, é de sua exclusiva responsabilidade.

Toda a pretensão de apresentar o Opus Dei como uma central de instruções e orientações temporais ou econômicas está desprovida de fundamento.

Como está organizado o Opus Dei na Espanha? Como está estruturado seu governo e como funciona? O senhor intervém pessoalmente nas atividades do Opus Dei na Espanha?

53   O trabalho de direção no Opus Dei[2] é sempre colegial, não pessoal. Detestamos a tirania, que é contrária à dignidade humana. Em cada país, a direção do nosso trabalho está confiada a uma comissão composta na sua maior parte por leigos de diferentes profissões e presidida pelo Conselheiro do Opus Dei no país. Na Espanha, o Conselheiro é o Pe. Sánchez-Bella.

---

(2) Cf. nota ao n. 35.

Como o Opus Dei é uma organização sobrenatural e espiritual, o seu governo limita-se a dirigir e orientar a tarefa apostólica, excluindo qualquer tipo de finalidade temporal. A direção da Obra não só respeita a liberdade dos seus sócios, mas faz com que tomem clara consciência dela. Para conseguirem a perfeição cristã na respectiva profissão ou ofício, os sócios da Obra necessitam de adquirir uma formação que lhes permita administrar a sua liberdade: com presença de Deus, com piedade sincera, com doutrina. Esta é a missão fundamental dos diretores da nossa Obra: tornar acessível a todos os sócios o conhecimento e a prática da fé cristã, para que a tornem realidade em suas vidas, cada um com plena autonomia. Certamente, no que se refere ao terreno estritamente apostólico, faz-se necessária uma certa coordenação, mas mesmo aqui a coordenação se limita ao mínimo indispensável para facilitar a criação de centros educativos, sociais ou beneficentes, que realizam um eficaz serviço cristão.

Os mesmos princípios que acabo de expor se aplicam ao governo central da Obra. Eu não governo sozinho. As decisões são tomadas no Conselho Geral do Opus Dei, que tem a sua sede em Roma e está composto atualmente por pessoas de 14 países. O Conselho Geral limita-se, por sua vez, a dirigir nas suas linhas fundamentais o apostolado da Obra em todo o mundo, deixando uma amplíssima margem de iniciativa aos diretores de cada país. Na Secção feminina, o regime é análogo. Do seu Conselho Central fazem parte associadas de 12 nacionalidades.

Em sua opinião, por que não se dão bem com o Opus Dei numerosas ordens religiosas, tais como a Companhia de Jesus?

54   Conheço uma multidão de religiosos que sabem que nós não somos religiosos, mas que correspondem ao afeto que lhes temos e oferecem orações e sacrifícios a Deus pelos apostolados do Opus Dei. Quanto à Companhia de Jesus, conheço e mantenho relações com o seu Geral, o Padre Arrupe. Posso assegurar-lhe que as nossas relações são de estima e afeto mútuo.

Talvez o senhor tenha encontrado um ou outro religioso que não compreendesse a nossa Obra: se assim é, isso deve-se certamente a um equívoco ou a uma falta de conhecimento da realidade do nosso trabalho, que é especificamente laical e secular e em nada interfere com o terreno próprio dos religiosos. Por todos os religiosos, nós só temos veneração e carinho, e pedimos ao Senhor que torne cada dia mais eficaz o seu serviço à Igreja e à humanidade inteira. Não haverá nunca luta entre o Opus Dei e um religioso, porque para lutar são necessários dois e nós não queremos lutar com ninguém.

A que atribui a crescente importância que se dá ao Opus Dei? É devida só ao atrativo da sua doutrina ou é também um reflexo das ansiedades da idade moderna?

55   O Senhor suscitou o Opus Dei em 1928 para ajudar a recordar aos cristãos que, como conta o livro do

Gênesis, Deus criou o homem para trabalhar. Viemos chamar de novo a atenção para o exemplo de Jesus que, durante trinta anos, permaneceu em Nazaré trabalhando, desempenhando um ofício. Nas mãos de Jesus, o trabalho, e um trabalho profissional semelhante àquele que desenvolvem milhões de homens no mundo, converte-se em tarefa divina, em trabalho redentor, em caminho de salvação.

O espírito do Opus Dei recolhe a formosíssima realidade – esquecida durante séculos por muitos cristãos – de que qualquer trabalho humanamente digno e nobre se pode converter em tarefa divina. No serviço de Deus, não há ofícios de pouca categoria; todos são de muita importância.

Para amar a Deus e servi-lo, não é necessário fazer coisas estranhas. Cristo pede a todos os homens sem exceção que sejam perfeitos como seu Pai celestial é perfeito (Mt. V, 48). Para a grande maioria dos homens, ser santo significa santificar o seu trabalho, santificar-se no trabalho e santificar os outros com o trabalho, e assim encontrar a Deus no caminho da vida.

As condições da sociedade contemporânea, que valoriza cada vez mais o trabalho, facilitam evidentemente que os homens do nosso tempo possam compreender este aspecto da mensagem cristã que o espírito do Opus Dei veio sublinhar. Porém, mais importante ainda é o influxo do Espírito Santo, que em sua ação vivificadora quis que o nosso tempo fosse testemunha de um grande movimento de renovação em todo o Cristianismo. Quando se leem os decretos do Concílio Vaticano II, percebe-se claramente que uma das partes importantes dessa renovação foi precisamente a revalorização do trabalho ordinário e da dignidade da vocação do cristão que vive e trabalha no mundo.

Como se vai desenvolvendo o Opus Dei em outros países, fora a Espanha? Qual a sua influência nos Estados Unidos, na Inglaterra, na Itália, etc.?

56   Pertencem ao Opus Dei pessoas de sessenta e oito nacionalidades, que trabalham em todos os países da América e da Europa Ocidental e em alguns da África, Ásia e Oceania.

A influência do Opus Dei em todos estes países é uma influência espiritual. Consiste essencialmente em ajudar as pessoas que se aproximam do nosso trabalho a viverem mais plenamente o espírito evangélico na sua vida de todos os dias. Essas pessoas trabalham nos lugares mais variados; há entre eles desde camponeses que cultivam a terra em povoações isoladas da Cordilheira dos Andes, até banqueiros da Wall Street. A todos o Opus Dei ensina que o seu trabalho corrente – seja humanamente humilde ou brilhante – é de grande valor e pode ser meio eficacíssimo para amar e servir a Deus e aos demais homens. Ensina-lhes a querer a todos os homens, a respeitar a sua liberdade, a trabalhar – com plena autonomia, do modo que lhes parecer melhor – para apagar as incompreensões e as intolerâncias entre os homens e para que a sociedade seja mais justa. Esta é a única influência do Opus Dei em qualquer dos lugares onde trabalha.

Referindo-me aos trabalhos sociais e educativos que a Obra como tal costuma promover, devo dizer-lhe que correspondem em cada lugar às condições específicas e às necessidades da sociedade. Não disponho de dados detalhados sobre todos esses trabalhos, porque, como comentava antes, a nossa organização está muito descentralizada. Poderia mencionar, como um exemplo entre muitos outros possíveis, *Midtown Sports and Cultural Center* no Near West Side de Chicago, que oferece programas educativos e esportivos aos moradores do bairro. Parte importante deste trabalho consiste em promover a convivência e a amizade entre os diferentes grupos étnicos que o compõem. Outro trabalho interessante nos Estados Unidos é o que se realiza no *The Heights,* em Washington, onde se ministram cursos de orientação profissional, programas especiais para estudantes particularmente dotados, etc.

Na Inglaterra, poderia destacar-se o trabalho das residências universitárias, que oferecem aos estudantes não apenas alojamento, mas diversos programas para completarem a sua formação cultural, humana e espiritual. *Netherhall House,* em Londres, é talvez especialmente interessante pelo seu caráter internacional. Vêm convivendo nessa residência universitários de mais de 50 países. Muitos deles não são cristãos, porque os centros do Opus Dei estão abertos a todos, sem discriminação de raça ou religião.

Para não me alongar mais, mencionarei apenas um trabalho, o *Centro Internazionale della Gioventù Lavoratrice,* em Roma. Este centro para a formação profissional de operários jovens foi confiado ao Opus Dei pelo Papa João XXIII e inaugurado por Paulo VI há menos de um ano.

Como é que o senhor vê o futuro do Opus Dei?

57   O Opus Dei é ainda muito jovem. Trinta e nove anos para uma instituição são apenas o começo. A nossa tarefa é colaborar com todos os outros cristãos na grande missão de serem testemunhas do Evangelho de Cristo; é recordar que essa boa nova pode vivificar qualquer situação humana. A tarefa que nos espera é ingente. É um mar sem praias, porque, enquanto houver homens na terra, por muito que se modifiquem as formas técnicas da produção, terão um trabalho que podem oferecer a Deus, que podem santificar. Com a graça de Deus, a Obra quer ensinar-lhes a fazer desse trabalho um serviço a todos os homens de qualquer condição, raça ou religião.

E servindo assim aos homens, servirão a Deus.

O Opus Dei:
Uma instituição que promove a busca da santidade no mundo[1]

O Opus Dei ocupa um lugar de primeiro plano no processo moderno de evolução do laicato; quereríamos, por isso, perguntar-lhe, antes de mais, quais são, em seu entender, as características mais notáveis deste processo.

Sempre pensei que a característica fundamental do processo de evolução do laicato é a tomada de consciência da dignidade da vocação cristã. O chamado de Deus, o caráter batismal e a graça fazem com que cada cristão possa e deva encarnar plenamente a fé. Cada cristão deve ser *alter Christus, ipse Christus* – outro Cristo, o próprio Cristo –, presente entre os ho-

---

(1) Entrevista concedida a Enrico Zuppo e Antonio Fugardi, e publicada em *L'Osservatore della Domenica* (19 e 26 de maio e 2 de junho de 1968).

mens. Disse-o o Santo Padre em termos inequívocos: "É necessário voltar a dar toda a sua importância ao fato de o cristão haver recebido o Santo Batismo, isto é, ao fato de ter sido enxertado, mediante esse sacramento, no Corpo místico de Cristo, que é a Igreja... O fato de se ser cristão, de se haver recebido o batismo, não deve ser considerado como indiferente ou sem valor, antes deve marcar profunda e ditosamente a consciência de todo o batizado" *(Ecclesiam suam,* I).

59   Isto traz como consequência uma visão mais profunda da Igreja, como uma comunidade formada por todos os fiéis, sendo todos nós solidários numa mesma missão, que cada um deve realizar de acordo com as suas circunstâncias pessoais. Os leigos, graças aos impulsos do Espírito Santo, são cada vez mais conscientes de *serem Igreja,* de terem uma missão específica, sublime e necessária, já que foi querida por Deus. E sabem que essa missão depende da sua própria condição de cristãos; não necessariamente de um mandato da Hierarquia, embora seja evidente que devem levá-la a cabo em união com a Hierarquia eclesiástica e segundo os ensinamentos do Magistério: sem união com o Corpo episcopal e com a sua Cabeça, o Romano Pontífice, não pode haver, para um católico, união com Cristo.

O modo específico de os leigos contribuírem para a santidade e o apostolado da Igreja é a ação livre e responsável no seio das estruturas temporais, a elas levando o fermento da mensagem cristã. O testemunho de vida cristã, a palavra que ilumina em nome de Deus, e a ação responsável, a serviço dos outros e como contributo para a solução dos problemas comuns, são outras tantas manifestações dessa presença através da qual o simples cristão cumpre a missão para que Deus o chamou.

Faz muitíssimos anos, desde a própria data da fundação do Opus Dei, meditei e fiz meditar umas palavras de Cristo relatadas por São João: "E eu, quando for levantado sobre a terra, atrairei tudo a mim" (Jo. XII, 32). Cristo, ao morrer na Cruz, atrai a si a criação inteira; e em seu nome os cristãos, trabalhando no meio do mundo, hão de reconciliar todas as coisas com Deus, colocando Cristo no cume de todas as atividades humanas.

Gostaria de acrescentar que, a par desta consciencialização dos leigos, se está produzindo um desenvolvimento análogo da sensibilidade dos pastores. Apercebem-se do elemento *específico* da vocação laical, que deve ser promovida e favorecida mediante uma pastoral que leve a descobrir no meio do Povo de Deus o carisma da santidade e do apostolado, nas infinitas e diversíssimas formas em que Deus o concede.

Esta nova pastoral é muito exigente, mas, a meu ver, absolutamente necessária. Requer o dom sobrenatural do discernimento de espíritos, a sensibilidade para as coisas de Deus, a humildade de não impor as preferências pessoais e de colocar-se a serviço daquilo que Deus promove nas almas. Numa palavra: o amor à legítima liberdade dos filhos de Deus, que encontram Cristo e são feitos portadores de Cristo, percorrendo caminhos muito diversos entre si, mas todos igualmente divinos.

Um dos maiores perigos que hoje ameaçam a Igreja poderia ser precisamente o de não reconhecer essas exigências divinas da liberdade cristã; e, deixando-se levar por falsas razões de eficácia, pretender impor uma uniformidade aos cristãos. Na raiz dessas atitudes encontra-se algo não só legítimo como digno de encômios: o desejo de que a Igreja dê um testemunho tal que comova o mundo moderno. Temo, porém, que o caminho seja errado e que leve, por um lado, a comprometer a Hierarquia em questões temporais, caindo num clericalismo diverso, mas tão nefando como o dos séculos passados; e, por outro, a isolar os leigos, os simples cristãos, separando-os do mundo em que vivem para convertê-los em porta-vozes de decisões ou ideias concebidas fora desse mundo.

Parece-me que o que se espera de nós, sacerdotes, é a *humildade de aprendermos a não estar na moda,* sendo realmente servos dos servos de Deus – lembrando-nos daquele grito de João Batista: *illum oportet crescere, me autem minui* (Jo. III, 30), convém que Cristo cresça e que eu diminua –, para que os cristãos correntes, os leigos, tornem Cristo presente em todos os ambientes da sociedade. A missão de dar doutrina, de ajudar a penetrar nas exigências pessoais e sociais do Evangelho, de levar a discernir os sinais dos tempos – é e será sempre uma das tarefas fundamentais do sacerdote. No entanto, toda a atividade sacerdotal deve ser realizada dentro do maior respeito pela legítima liberdade das consciências; cada homem deve responder a Deus livremente. Aliás, qualquer católico, além dessa ajuda do sacerdote, tem ainda luzes próprias que recebe de Deus, graça de estado para levar avante a missão específica que recebeu, como homem e como cristão.

Se alguém pensa que, para a voz de Cristo se fazer ouvir no mundo de hoje, é necessário que o clero fale ou marque sempre a sua presença, é porque ainda não entendeu bem a dignidade da vocação divina de todos e de cada um dos fiéis cristãos.

Dentro desta panorâmica, qual a tarefa que o Opus Dei tem realizado e realiza? Que relações de colaboração mantêm os seus sócios com outras organizações que trabalham neste campo?

Não compete a mim emitir um juízo histórico sobre o que o Opus Dei tem feito por graça de Deus. Apenas devo afirmar que a finalidade a que o Opus Dei aspira é favorecer a procura da santidade e o exercício do apostolado por parte dos cristãos que vivem no meio do mundo, seja qual for o seu estado ou condição.

A Obra nasceu a fim de contribuir para que esses cristãos, inseridos no tecido da sociedade civil – com a sua família, as suas amizades, o seu trabalho profissional, as suas aspirações nobres –, compreendam que a sua vida, tal como é, pode vir a ser ocasião de um encontro com Cristo: quer dizer, que é um caminho de santidade e de apostolado. Cristo está presente em qualquer tarefa humana honesta: a vida de um simples cristão – que talvez a alguns pareça vulgar e acanhada – pode e deve ser uma vida santa e santificante.

Por outras palavras: para seguir a Cristo, para servir à Igreja, para ajudar os outros homens a reconhecerem o seu destino eterno, não é indispensável abandonar o mundo ou afastar-se dele, nem mesmo é preciso dedicar-se a uma atividade eclesiástica; a condição necessária e suficiente é esta: que cada um cumpra a missão que lhe foi confiada por Deus, no lugar e no ambiente queridos por sua Providência.

A maior parte dos cristãos recebe de Deus a missão de santificar o mundo *de dentro para fora,* permanecendo no meio das estruturas temporais; tendo isto em conta, o Opus Dei dedica-se a fazê-los descobrir essa missão divina, mostrando-lhes que a vocação humana – a vocação profissional, familiar e social – não se opõe à vocação sobrenatural: pelo contrário, é parte integrante dela.

O Opus Dei tem como missão única e exclusiva a difusão desta mensagem – que é uma mensagem evangélica – entre todas as pessoas que vivem e trabalham no mundo, em qualquer ambiente ou profissão. E àqueles que entendem este ideal de santidade, a Obra proporciona os meios espirituais e a formação doutrinal, ascética e apostólica necessária para realizá-lo na própria vida.

Os sócios do Opus Dei não atuam em grupo, mas individualmente, com liberdade e responsabilidade pessoais. Por isso, o Opus Dei não é uma *organização fechada* ou que de algum modo reúna os seus sócios para os isolar dos outros homens. As atividades corporativas, que são as *únicas* que a Obra dirige, estão abertas a todo o tipo de pessoas, sem discriminação de espécie alguma: nem social, nem cultural, nem religiosa. E os sócios, precisamente porque devem santificar-se no mundo, colaboram sempre com todas as pessoas com quem se relacionam pelo seu trabalho e pela sua participação na vida cívica.

É parte essencial do espírito cristão não só viver em união com a Hierarquia ordinária – o Romano Pontífice e o Episcopado –, mas também sentir a unidade com os demais irmãos na fé. Há muito tempo que penso que um dos maiores males da Igreja nesta época é o fato de muitos católicos desconhecerem o que fazem e pensam os católicos de outros países ou de outros ambientes sociais. É necessário atualizar essa fraternidade, que os primeiros cristãos viviam tão profundamente. Assim nos sentiremos unidos, amando ao mesmo tempo a variedade das vocações pessoais; assim também se evitarão não poucos juízos injustos e ofensivos, propalados por determinados pequenos grupos – em nome do catolicismo –, contra seus irmãos na fé, que na realidade agem retamente e com sacrifício, consideradas as circunstâncias particulares do seu país.

61 É importante que cada um procure ser fiel ao seu próprio chamado divino, de modo a não deixar de trazer à Igreja o que implica o carisma recebido de Deus. O que é próprio dos sócios do Opus Dei – cristãos correntes – é santificar o mundo de dentro para fora, participando nas tarefas humanas as mais diversas. Como o fato de pertencerem à Obra não altera em nada a sua posição no mundo, eles colaboram, da maneira adequada a cada caso, nas celebrações religiosas coletivas, na vida paroquial, etc. Também neste

sentido são cidadãos correntes, que querem ser bons católicos.

Contudo, geralmente os sócios da Obra não costumam trabalhar em atividades confessionais. Só em casos excepcionais, quando a Hierarquia o pede expressamente, é que um membro da Obra colabora em tarefas eclesiásticas. Não há nessa atitude qualquer desejo de singularizar-se, e menos ainda menosprezo pelas atividades confessionais; há somente a decisão de ocupar-se do que é próprio da vocação para o Opus Dei. Já há muitos religiosos e clérigos, e também muitos leigos cheios de zelo, que desempenham essas atividades, dedicando-lhes os seus melhores esforços.

O que caracteriza os sócios da Obra, a tarefa a que se sabem chamados por Deus, é outra. Dentro do chamado universal à santidade, os sócios do Opus Dei recebem ademais um chamado especial para procurarem livre e responsavelmente chegar à santidade e fazer apostolado no meio do mundo, comprometendo-se a viver um espírito específico e a receber ao longo de toda a sua vida uma formação peculiar. Se descurassem o seu trabalho no mundo para se ocuparem das tarefas eclesiásticas, tornariam ineficazes os dons divinos e, atraídos por uma eficácia pastoral imediata, causariam real prejuízo à Igreja: porque não haveria tantos cristãos santificando-se em todas as profissões e ofícios da sociedade civil, no campo imenso do trabalho secular.

Aliás, a exigente necessidade da contínua formação profissional e da formação religiosa, somada ao tempo dedicado pessoalmente à piedade, à oração e ao cumprimento sacrificado dos deveres de estado, preenche a vida inteira: não há horas de folga.

> *Sabemos que pertencem ao Opus Dei homens e mulheres de todas as condições sociais, solteiros ou casados. Qual é, então, o elemento comum que caracteriza a vocação para a Obra? Que compromissos assume cada sócio para realizar os fins do Opus Dei?*

Vou dizê-lo em poucas palavras: é procurar chegar à santidade no meio do mundo, no meio da rua. Quem recebe de Deus a vocação específica para o Opus Dei sabe – e vive – que deve alcançar a santidade no seu próprio estado, no exercício do seu trabalho, manual ou intelectual. Disse *sabe e vive,* porque não se trata de aceitar um simples postulado teórico, mas de realizá-lo dia a dia, na vida ordinária.

Querer atingir a santidade – apesar dos erros e das misérias pessoais, que hão de durar enquanto vivermos – significa esforçar-se, com a graça de Deus, por viver a caridade, plenitude da lei e vínculo da perfeição. A caridade não é algo de abstrato; significa entrega real e total ao serviço de Deus e de todos os homens: desse Deus que nos fala no silêncio da oração e no rumor do mundo; desses homens cuja existência se entrecruza com a nossa.

Vivendo a caridade – o Amor –, vivem-se todas as virtudes humanas e sobrenaturais do cristão, que formam uma unidade e que não se podem reduzir a enu-

62

merações exaustivas. A caridade exige que se viva a justiça, a solidariedade, a responsabilidade familiar e social, a pobreza, a alegria, a castidade, a amizade...

Logo se vê que a prática destas virtudes leva ao apostolado. Com efeito, quando se procura viver assim no meio do trabalho diário, a conduta cristã se transforma em bom exemplo, em testemunho, em ajuda concreta e eficaz; aprende-se a seguir as pegadas de Cristo, que *coepit facere et docere* (At. 1,1), que começou a fazer e a ensinar, unindo ao exemplo a palavra. Por isso chamei a este trabalho, faz quarenta anos, *apostolado de amizade e de confidência*.

Todos os sócios do Opus Dei têm este mesmo anseio de santidade e de apostolado. Por isso, na Obra não há graus ou categorias de sócios. O que existe é uma multiplicidade de situações pessoais – a situação que cada um tem no mundo – a que se acomoda a mesma e única vocação específica e divina: o chamado para que se entreguem, para que se empenhem pessoalmente, livremente e responsavelmente, no cumprimento da vontade de Deus que lhes é manifestada.

Como vê, o fenômeno pastoral do Opus Dei é algo que nasce *de baixo para cima,* isto é, a partir da vida corrente do cristão que vive e trabalha junto dos outros homens. Não está na linha da *mundanização – dessacralização* – da vida monástica ou religiosa; não é a última fase do movimento de aproximação dos religiosos ao mundo.

Quem recebe a vocação para o Opus Dei adquire uma nova visão das coisas que o rodeiam: luzes novas nas suas relações sociais, na sua profissão, nas suas preocupações, nas suas tristezas e suas alegrias; mas nem por um instante deixa de viver no meio de tudo isso. E não é cabível, de maneira nenhuma, falar de adaptação ao mundo ou à sociedade moderna: ninguém se adapta ao que tem como próprio; no que se tem como próprio, *se está*. A vocação recebida é igual à que surgia na alma daqueles pescadores, camponeses, comerciantes ou soldados que, sentados ao pé de Jesus Cristo na Galileia, ouviam-no dizer: *Sede perfeitos, como vosso Pai celestial é perfeito* (Mat. V, 48).

Esta perfeição, repito – a perfeição procurada pelo sócio do Opus Dei –, é a perfeição própria do cristão, sem mais: quer dizer, aquela a que todo o cristão é chamado e que implica viver integralmente as exigências da fé. Não nos interessa *a perfeição evangélica,* que se considera própria dos religiosos e de algumas instituições assemelhadas aos religiosos; e menos ainda nos interessa a chamada *vida de perfeição evangélica,* que se refere canonicamente ao *estado religioso*.

O caminho da vocação religiosa me parece abençoado e necessário na Igreja; e não teria o espírito da Obra quem não o estimasse. Mas esse caminho não é o meu, nem o dos sócios do Opus Dei. Pode-se dizer que, ao virem para o Opus Dei, todos e cada um dos seus sócios o fizeram com *a condição explícita de não mudar de estado*. A nossa característica específica é santificar o estado que temos no mundo, santificando-se cada um dos sócios no lugar do *seu encontro com Cristo*: este é o compromisso assumido por cada sócio para realizar os fins do Opus Dei.

Como é que está organizado o Opus Dei?

63   Se a vocação para a Obra, conforme acabo de lhe dizer, encontra o homem ou a mulher na sua vida normal, no meio do seu trabalho, logo compreenderá que o Opus Dei não se edifica sobre comitês, assembleias, encontros, etc. Certa vez, perante o assombro de alguém, cheguei a dizer que o Opus Dei, neste sentido, é uma *organização desorganizada*. A maioria dos sócios – a quase totalidade – vivem por sua conta, no lugar onde viveriam se não fossem do Opus Dei: em sua casa, com a sua família, no lugar em que desenvolvem o seu trabalho.

Precisamente nesse lugar onde está, cada sócio da Obra cumpre o fim do Opus Dei: procurar ser santo, fazendo da sua vida um apostolado diário, corrente, pequeno se se prefere, mas perseverante e divinamente eficaz; isto é o que importa. E para alimentar esta vida de santidade e de apostolado, cada um recebe do Opus Dei a ajuda espiritual necessária, o conselho, a orientação. Mas apenas no terreno estritamente espiritual. No resto – no seu trabalho, nas suas relações sociais, etc. –, cada qual atua conforme deseja, sem esquecer que não é um terreno neutro, mas sim matéria santificante, santificável e meio de apostolado.

Assim, todos vivem a sua própria vida, com as consequentes relações e obrigações, e dirigem-se à Obra para receberem ajuda espiritual. Isto exige uma certa estrutura, mas sempre muito reduzida: cuida-se por todos os meios de que seja a estritamente indispensável. Organiza-se uma formação doutrinal religiosa que dura a vida inteira e que conduz a uma piedade ativa, sincera e autêntica, e a um ardor que traz consigo necessariamente a oração contínua do contemplativo e a ação apostólica pessoal e responsável, isenta de fanatismos de qualquer espécie.

Todos os sócios sabem, além disso, onde podem encontrar um sacerdote da Obra, para tratarem com ele das questões de consciência. Alguns – muito poucos em comparação com o total –, para dirigirem uma atividade apostólica ou para atenderem espiritualmente os outros, vivem juntos, constituindo um lar normal de família cristã, e continuam trabalhando simultaneamente na sua respectiva profissão.

Existe em cada país um governo regional, sempre de caráter colegial, presidido por um Conselheiro; e um governo central – constituído por profissionais de nacionalidades muito diversas –, com sede em Roma. O Opus Dei estrutura-se em duas Secções, uma para homens e outra para mulheres, que são absolutamente independentes, constituindo mesmo duas associações diferentes, unidas apenas na pessoa do Presidente Geral[2].

Espero que tenha ficado claro o que quer dizer *organização desorganizada:* que se dá primazia ao espírito sobre a organização, que a vida dos sócios não se

---

(2) Cf. nota ao n. 35. Desde a ereção do Opus Dei como Prelazia pessoal, em vez de Presidente Geral deve dizer-se Prelado, que é o Ordinário próprio do Opus Dei, auxiliado no exercício do seu trabalho de governo pelos seus Vigários e Conselhos. O Prelado é eleito pelo Congresso Geral do Opus Dei, e esta eleição requer a confirmação do Papa, como é norma canônica tradicional para os prelados de jurisdição eleitos por um colégio.

espartilha com lemas, planos e reuniões. Cada um está solto, unido aos outros por um comum espírito e um comum desejo de santidade e de apostolado; e procurando santificar a sua própria vida diária.

Tem-se falado às vezes do Opus Dei como uma organização de aristocracia intelectual, que deseja penetrar nos ambientes políticos, econômicos e culturais de maior relevo, para os controlar a partir de dentro, embora com fins bons. Isto é verdade?

64 Quase todas as instituições que trouxeram uma mensagem nova, ou que se esforçaram por servir seriamente a humanidade vivendo plenamente o cristianismo, sofreram a incompreensão, sobretudo nos começos. É isto que explica o fato de, no princípio, alguns não terem entendido a doutrina sobre o apostolado dos leigos, vivida e proclamada pelo Opus Dei.

Devo dizer ainda – embora não me agrade falar destas coisas – que no nosso caso não faltou também uma campanha organizada e perseverante de calúnias. Houve quem dissesse que trabalhávamos secretamente – isto, talvez o fizessem eles –, que queríamos ocupar postos elevados, etc. Posso dizer-lhe, concretamente, que essa campanha foi iniciada, faz aproximadamente trinta anos, por um religioso espanhol que depois abandonou a sua Ordem e a Igreja, contraiu matrimônio civil e agora é pastor protestante.

A calúnia, uma vez lançada, continua vivendo por inércia durante algum tempo: porque há quem escreva sem se informar; e porque nem todos são como os jornalistas competentes, que não se julgam infalíveis e têm a nobreza de retificar quando verificam a verdade. E foi isso o que sucedeu, a despeito de tais calúnias estarem desmentidas por uma realidade que todo o mundo teve ocasião de comprovar; além de que, logo à primeira vista, são inacreditáveis. Basta dizer que os mexericos a que o senhor se referiu só dizem respeito à Espanha; e, evidentemente, pensar que uma instituição internacional como o Opus Dei gravita em torno dos problemas de um único país, demonstra estreiteza de vista, provincianismo.

Por outro lado, a maioria dos sócios do Opus Dei – na Espanha e em todos os países – são donas de casa, operários, pequenos comerciantes, funcionários, camponeses, etc.; quer dizer, pessoas cujas tarefas têm pouco peso político ou social. O fato de haver um grande número de sócios do Opus Dei que são operários não chama a atenção; mas o fato de haver alguns políticos, sim. Na realidade, para mim é tão importante a vocação para o Opus Dei de um bagrinho das estradas de ferro quanto a de um dirigente de empresa. A vocação, é Deus quem a dá; e nas obras de Deus não cabem discriminações, sobretudo se forem demagógicas.

Aqueles que, vendo os sócios do Opus Dei trabalharem nos mais diversos campos da atividade humana, não pensam senão em pretensas influências e *controles,* demonstram ter uma pobre concepção da vida cristã. O Opus Dei não domina nem pretende dominar nenhuma atividade temporal; quer apenas difundir uma mensagem evangélica: Deus pede, a todos os homens que vivem no mundo, que o amem e o sirvam, valendo-se precisamente das suas atividades terrenas. Por conseguinte, os sócios da Obra, que são cristãos comuns, trabalham onde e como lhes parece oportuno: a Obra só se ocupa de ajudá-los espiritualmente, para que atuem sempre com consciência cristã.

Mas falemos concretamente do caso da Espanha. Os poucos sócios do Opus Dei que, nesse país, trabalham em postos de transcendência social ou intervém na vida pública, fazem-no – como em todas as outras nações – com liberdade e responsabilidade pessoais, agindo cada um segundo a sua consciência. Isto explica que, na prática, tenham adotado posições diversas e, em não poucas ocasiões, opostas.

65   Quero salientar, além disso, que falar de presença de pessoas pertencentes ao Opus Dei na política espanhola, como se se tratasse de um fenômeno especial, constitui uma deformação da realidade que desemboca na calúnia. Com efeito, os sócios do Opus Dei que atuam na vida pública espanhola são uma minoria em comparação com o total dos católicos que intervém ativamente nesse setor. Sendo católica a quase totalidade da população espanhola, é estatisticamente lógico que sejam católicos aqueles que participam na vida política. Mais ainda: em todos os níveis da administração pública espanhola – desde os ministros até os prefeitos –, são inúmeros os católicos provenientes das mais diversas associações de fiéis: alguns ramos da Ação Católica Nacional de Propagandistas, cujo primeiro presidente foi o cardeal Herrera, as Congregações Marianas, etc.

Não quero estender-me mais sobre este assunto, mas aproveito a ocasião para declarar uma vez mais que o Opus Dei não está vinculado a nenhum país, a nenhum regime, a nenhuma tendência política, a nenhuma ideologia. E que os seus sócios agem sempre nas questões temporais com plena liberdade, sabendo assumir as suas próprias responsabilidades; e abominam toda e qualquer tentativa de servir-se da religião em benefício de posições políticas e de interesses partidários.

As coisas simples são às vezes difíceis de explicar. Por isso me alonguei um pouco ao responder à sua pergunta. Seja como for, saiba-se que os mexericos que comentávamos são já coisa do passado. Essas calúnias estão totalmente desclassificadas há tempo: ninguém acredita mais nelas. Nós, desde o primeiro momento, temos atuado sempre à luz do dia – não havia nenhum motivo para agir de outra maneira –, explicando com clareza a natureza e os fins do nosso apostolado; e todos os que o quiseram tiveram ocasião de conhecer a realidade. De fato, são muitíssimas as pessoas – católicos e não católicos, cristãos e não cristãos – que veem com carinho e estima o nosso trabalho e com ele colaboram.

66 Por outro lado, o progresso da história da Igreja levou a superar um certo clericalismo, que tende a desfigurar tudo quanto se refere aos leigos, atribuindo-lhes segundas intenções. Agora, tornou-se mais fácil entender que o que o Opus Dei vivia e proclamava era nem mais nem menos isto: a vocação divina do cristão corrente, com um compromisso sobrenatural preciso.

Espero que chegue o dia em que a frase *"os católicos penetram nos ambientes sociais"* se deixe de dizer e que todos percebam que é uma expressão clerical. Seja como for, ela não se aplica em nada ao apostolado do Opus Dei. Os sócios do Opus Dei não têm necessidade de *penetrar* nas estruturas temporais, pelo simples fato de serem cidadãos comuns, iguais aos outros: pelo fato, portanto, de *já lá estarem*.

Se Deus chama para o Opus Dei uma pessoa que trabalha numa fábrica, ou num hospital, ou no parlamento, isso significa que, daí em diante, essa pessoa estará decidida a fazer todo o possível para santificar, com a graça de Deus, essa profissão. Não é senão a tomada de consciência das exigências radicais da mensagem evangélica, no que concerne à vocação específica recebida.

Pensar que essa tomada de consciência significa abandonar a vida normal é uma ideia legítima apenas para os que recebem de Deus a vocação religiosa, com o seu *contemptus mundi,* o desprezo ou desestima pelas coisas do mundo; mas, querer fazer desse abandono do mundo a essência ou o cume do cristianismo é, evidentemente, uma barbaridade.

Não é, por conseguinte, o Opus Dei que introduz os seus sócios em determinados ambientes; eles já lá estavam, repito, e não têm motivo para sair. Aliás, as vocações para o Opus Dei – que surgem da graça de Deus e daquele apostolado de amizade e de confidência a que antes me referi – dão-se em todos os ambientes.

Talvez essa mesma simplicidade da natureza e modo de agir do Opus Dei constitua uma dificuldade para os que estão cheios de complicações e parecem incapazes de entender tudo o que é genuíno e reto.

Como é natural, sempre haverá quem não compreenda a essência do Opus Dei; e isso não nos admira, porque já o Senhor avisou os seus destas dificuldades, comentando-lhes que *non est discipulus super Magistrum* (Mat. X, 24), não é o discípulo mais do que o Mestre. Ninguém pode pretender que todos o apreciem, embora tenha certamente o direito de que todos o respeitem como pessoa e como filho de Deus. Infelizmente, há fanáticos que querem impor totalitariamente as suas ideias; e estes nunca perceberão o amor que os sócios do Opus Dei têm à liberdade pessoal dos outros, e depois à sua própria liberdade pessoal, sempre com responsabilidade pessoal também.

Lembro-me de um caso muito expressivo. Em certa cidade, cujo nome não seria delicado referir, a Câmara Municipal estava deliberando sobre a conveniência de conceder uma ajuda econômica a uma atividade educativa dirigida por sócios do Opus Dei, a qual, como todas as obras corporativas realizadas pela Obra, tem uma clara função de utilidade social. A maioria dos vereadores era favorável a essa ajuda. Explicando as razões dessa atitude, um deles, socialista, comentava que ele havia conhecido pessoalmente a atividade daquele Centro; "É uma atividade – disse – que se caracteriza pelo fato de todos os seus dirigentes serem muito amigos da liberdade pessoal: nessa residência moram estudantes de todas as religiões e de todas as ideologias". Os vereadores comunistas votaram contra. E um deles, justificando o seu voto negativo, disse ao socialista: "Eu me opus porque, se as coisas estão nesse pé, essa residência constitui uma eficaz propaganda do catolicismo".

Quem não respeita a liberdade dos outros ou deseja opor-se à Igreja, não pode apreciar uma atividade apostólica. Mas, mesmo nestes casos, eu, como homem, estou obrigado a respeitá-lo e a procurar encaminhá-lo para a verdade; e, como cristão, estou obrigado a amá-lo e a rezar por ele.

Esclarecido este ponto, gostaria de lhe perguntar o seguinte: quais são as características da formação espiritual dos sócios que fazem com que fique excluído todo o tipo de interesse temporal no fato de se pertencer ao Opus Dei?

67 Todo o interesse que não seja puramente espiritual fica radicalmente excluído porque a Obra *pede muito* – desprendimento, sacrifício, abnegação, trabalho sem descanso a serviço das almas – *e não dá nada*. Quero dizer que não dá nada no plano dos interesses temporais; porque, no plano da vida espiritual, dá muito: dá meios para combater e vencer na luta ascética, encaminha por caminhos de oração, ensina a tratar a Jesus como um irmão, a ver Deus em todas as circunstâncias da vida, a sentir-se filho de Deus e, por conseguinte, comprometido a difundir a sua doutrina.

Uma pessoa que não progrida pelo caminho da vida interior, até chegar a compreender que vale a pena dar-se de todo, entregar a própria vida a serviço do Senhor, não pode perseverar no Opus Dei, porque a santidade não é um rótulo, mas uma profunda exigência.

Por outro lado, o Opus Dei não tem nenhuma atividade de fins políticos, econômicos ou ideológicos: nenhuma ação temporal. Suas únicas atividades são a formação sobrenatural de seus sócios e as obras de apostolado, quer dizer, a contínua atenção espiritual prestada a cada um dos sócios e as obras corporativas apostólicas de assistência, de beneficência, de educação, etc.

Os sócios do Opus Dei unem-se *somente* para seguir um caminho de santidade, bem definido, e para colaborar em determinadas obras de apostolado. Seus compromissos recíprocos excluem qualquer tipo de interesse terreno, pelo simples fato de que, neste campo, todos os sócios do Opus Dei são livres e, portanto, cada um segue o seu próprio caminho, com finalidades e interesses diferentes e por vezes contrapostos.

Como consequência do fim exclusivamente divino da Obra, seu espírito é um espírito de liberdade, de amor à liberdade pessoal de todos os homens. E como esse amor à liberdade é sincero e não um mero enunciado teórico, nós amamos a necessária consequência da liberdade: quer dizer, o pluralismo. No Opus Dei, *o pluralismo é querido e amado;* não simplesmente tolerado e de modo algum dificultado. Quando me é dado observar entre os sócios da Obra tantas ideias diversas, tantas atitudes diferentes – no que diz respeito às questões políticas, econômicas, sociais ou artísticas, etc. –, esse espetáculo me dá alegria, porque é sinal de que tudo está funcionando diante de Deus como deve ser.

Unidade espiritual e variedade nas coisas temporais são compatíveis quando não reinam o fanatismo e a intolerância; e, sobretudo, quando se vive de fé e se sabe que nós, os homens, estamos unidos não por meros laços de simpatia ou de interesses, mas pela ação de um mesmo Espírito que, fazendo-nos irmãos de Cristo, nos conduz a Deus Pai.

Um verdadeiro cristão nunca pensa que a unidade na fé, a fidelidade ao Magistério e à Tradição da Igreja, bem como a preocupação por fazer chegar aos outros a mensagem salvadora de Cristo, estejam em dissonância com a variedade de atitudes nas coisas que Deus deixou, como se costuma dizer, à livre discussão dos homens. Mais ainda: tem plena consciência de que essa variedade faz parte do plano divino, é querida por Deus, que reparte os seus dons e as suas luzes conforme deseja. O cristão deve amar os outros e portanto respeitar as opiniões contrárias às suas, e conviver em plena fraternidade com aqueles que pensam de outro modo.

Precisamente porque os sócios da Obra se formam de acordo com este espírito, é impossível que alguém pense em aproveitar-se do fato de pertencer ao Opus Dei para obter vantagens pessoais, ou para tentar impor aos outros opções políticas ou culturais: porque os outros não o suportariam, e o levariam a mudar de atitude ou a abandonar a Obra. Este é um ponto em que ninguém no Opus Dei poderá permitir jamais o menor desvio, porque deve defender, não apenas a sua liberdade pessoal, mas também a natureza sobrenatural do labor a que se entregou. Penso, por isso, que a liberdade e a responsabilidade pessoais são a melhor garantia da finalidade sobrenatural da Obra de Deus.

Talvez se possa pensar que até agora o Opus Dei se viu favorecido pelo entusiasmo dos primeiros sócios, não obstante serem já vários milhares. Existe alguma medida que garanta a continuidade da Obra, em face do risco, conatural a toda instituição, de um possível esfriamento do fervor e do impulso iniciais?

A Obra não se baseia no entusiasmo, mas na fé. Os anos do começo – longos anos – foram muito duros, e só se viam dificuldades. O Opus Dei foi para a frente por graça divina, e pela oração e sacrifício dos primeiros, sem meios humanos. Só havia juventude, bom-humor e o desejo de fazer a vontade de Deus.

Desde o princípio, a arma do Opus Dei foi sempre a oração, a vida dedicada, a silenciosa renúncia a tudo quanto é egoísmo, para servir as almas. Como lhe dizia antes, vem-se ao Opus Dei para receber um espírito que leva precisamente a dar tudo, enquanto se continua *trabalhando profissionalmente* por amor a Deus e, por Ele, às suas criaturas.

A garantia de que não se verifique um esfriamento é que meus filhos não percam nunca este espírito. Sei que as obras humanas se desgastam com o tempo; mas isso não acontece com as obras divinas, a não ser que os homens as rebaixem. Só quando se perde o impulso divino é que vem a corrupção, a decadência. No nosso caso, salta à vista a Providência do Senhor, que – em tão pouco tempo, quarenta anos – faz com que seja recebida e efetivada esta específica vocação divina entre cidadãos comuns iguais aos outros, de tão diversas nações.

O fim do Opus Dei, repito uma vez mais, é a santidade de cada um de seus sócios, homens e mulheres, que continuam no lugar que no mundo ocupavam. Se alguém não vier ao Opus Dei para ser santo, apesar dos pesares – isto é, apesar das misérias próprias, dos erros pessoais –, irá embora logo. Penso que a santidade chama a santidade, e peço a Deus que no Opus Dei não falte nunca esta convicção profunda, esta vida de fé. Como vê, não confiamos exclusivamente nas garantias humanas ou jurídicas. As obras inspiradas por Deus movem-se ao ritmo da graça. Minha única receita é esta: sermos santos, querermos ser santos, com santidade pessoal.

Por que há sacerdotes numa instituição acentuadamente laical como o Opus Dei? Qualquer sócio do Opus Dei pode chegar a ser sacerdote, ou só aqueles que são escolhidos pelos diretores?

69 A vocação para o Opus Dei, pode recebê-la qualquer pessoa que queira santificar-se em seu próprio estado: quer seja solteiro, casado ou viúvo; quer seja leigo ou clérigo.

Por isso, ao Opus Dei se associam também sacerdotes diocesanos, que continuam sendo sacerdotes diocesanos como antes, uma vez que a Obra os ajuda a tender para a perfeição cristã própria do seu estado, mediante a santificação do seu trabalho ordinário, que é precisamente o ministério sacerdotal a serviço do bispo, da diocese e da Igreja inteira. Também neste caso a vinculação ao Opus Dei não modifica em nada a sua condição: continuam plenamente dedicados às missões que lhes confia o respectivo Ordinário e aos outros apostolados e atividades que devem realizar, sem que a Obra interfira nunca nessas tarefas; e santificam-se praticando o mais perfeitamente possível as virtudes próprias de um sacerdote.

Além desses sacerdotes, que entram a fazer parte do Opus Dei depois de haverem recebido as sagradas ordens, há na Obra outros sacerdotes seculares que recebem o sacramento da Ordem depois de pertencerem ao Opus Dei, ao qual se vincularam, portanto, quando ainda eram leigos, cristãos correntes. Trata-se de um número muito diminuto em comparação com a totalidade dos sócios – não chegam a dois por cento –; e dedicam-se a servir os fins apostólicos do Opus Dei através do ministério sacerdotal, renunciando mais ou menos, conforme os casos, ao exercício da profissão civil que tinham. São, com efeito, profissionais ou trabalhadores, chamados ao sacerdócio depois de terem adquirido uma habilitação profissional e de terem trabalhado durante anos na sua ocupação própria como médicos, engenheiros, mecânicos, camponeses, professores, jornalistas, etc. Além disso, fazem com a máxima profundidade e sem pressas os estudos das disciplinas eclesiásticas correspondentes, até obterem o doutoramento. E isso sem perderem a mentalidade característica do ambiente da sua profissão civil; de modo que, quando recebem as sagradas ordens, são médicos-sacerdotes, advogados-sacerdotes, operários--sacerdotes, etc.

A sua presença é necessária para o apostolado do Opus Dei. Este apostolado, desenvolvem-no fundamentalmente os leigos, como já disse. Cada sócio procura ser apóstolo no seu próprio ambiente de trabalho, aproximando as almas de Cristo através do exemplo e da palavra: do diálogo. Mas no apostolado, ao conduzir as almas pelos caminhos da vida cristã, acaba-se chegando ao *muro sacramental*. A função santificadora do leigo tem necessidade da função santificadora do sacerdote, que administra o sacramento da Penitência, celebra a Eucaristia e proclama a Palavra de Deus em nome da Igreja. E como o apostolado do Opus Dei pressupõe uma espiritualidade específica, é necessário que o sacerdote dê também um testemunho vivo desse espírito peculiar.

Além desse serviço aos outros sócios da Obra, esses sacerdotes podem prestar, e de fato prestam, um serviço a muitas outras almas. O zelo sacerdotal, que informa as suas vidas, deve levá-los a não permitir que alguém passe a seu lado sem receber um pouco da luz de Cristo. Mais ainda, o espírito do Opus Dei, que não sabe de *grupinhos* nem de distinções, impele-os a se sentirem íntima e eficazmente unidos a seus irmãos, os outros sacerdotes seculares: sentem-se e são de fato sacerdotes diocesanos em todas as dioceses onde trabalham, procurando servi-las com empenho e eficácia.

Quero fazer notar, porque é uma realidade muito

importante, que esses sócios leigos do Opus Dei, que recebem a ordenação sacerdotal, não mudam de vocação. Quando abraçam o sacerdócio, respondendo livremente ao convite dos diretores da Obra, não o fazem com a ideia de assim se unirem mais a Deus ou tenderem mais eficazmente para a santidade: sabem perfeitamente que a vocação laical é plena e completa em si mesma, que a sua dedicação a Deus no Opus Dei era desde o primeiro momento um caminho claro para atingir a perfeição cristã. A ordenação sacerdotal não é, por isso, de modo algum, uma espécie de coroamento da vocação para o Opus Dei: é um chamado que se dirige a alguns, para servirem os outros de um modo novo. Por outro lado, na Obra não há duas classes de sócios, clérigos e leigos; todos são e se sentem iguais, e todos vivem o mesmo espírito: a santificação no seu próprio estado[3].

---

(3) Mons. Escrivá fala nesta resposta dos dois modos pelos quais os sacerdotes seculares podem pertencer ao Opus Dei:

a) os sacerdotes que provêm dos membros leigos do Opus Dei, são chamados às Sagradas Ordens pelo Prelado, incardinam-se na Prelazia e constituem o seu presbitério. Dedicam-se fundamentalmente, ainda que não de maneira exclusiva, à atenção pastoral dos fiéis incorporados ao Opus Dei, e juntamente com estes levam a cabo o apostolado específico de difundir em todos os ambientes da sociedade uma profunda tomada de consciência da chamada universal à santidade e ao apostolado (cf. Apresentação);

b) os sacerdotes seculares já incardinados em alguma diocese podem participar também da vida espiritual do Opus Dei, como indica Mons. Escrivá no início desta resposta, associando-se à Sociedade Sacerdotal da Santa Cruz, que está intrinsecamente unida à Prelazia, e da qual é Presidente Geral o Prelado do Opus Dei. Cf. o texto da Apresentação, págs. 10-11, onde se dá uma explicação sucinta desta associação sacerdotal utilizando os termos jurídicos precisos, que Mons. Escrivá ainda não podia empregar ao conceder esta entrevista.

O senhor tem falado do trabalho com frequência. Poderia dizer que lugar ocupa o trabalho na espiritualidade do Opus Dei?

70   A vocação para o Opus Dei não altera nem modifica de maneira nenhuma a condição, o estado de vida, de quem a recebe. E como a condição humana é o trabalho, a vocação sobrenatural para a santidade e para o apostolado segundo o espírito do Opus Dei confirma a vocação humana para o trabalho. A imensa maioria dos sócios da Obra são leigos, simples cristãos; sua condição é a de quem tem uma profissão, um ofício, uma ocupação, muitas vezes absorvente, com a qual ganha a vida, mantém a família, contribui para o bem comum, desenvolve a personalidade.

A vocação para o Opus Dei vem confirmar tudo isso, a tal ponto que um dos sinais essenciais dessa vocação é precisamente viver no mundo e nele desempenhar um trabalho – contando, volto a dizer, com as próprias imperfeições pessoais – da maneira mais perfeita possível, tanto do ponto de vista humano quanto do sobrenatural. Quer dizer: um trabalho que contribua eficazmente para a edificação da cidade terrena – e que, por conseguinte, seja feito com competência e com espírito de serviço – e para a consagração do mundo, sendo, portanto, santificante e santificado.

Os que querem viver com perfeição a sua fé e praticar o apostolado segundo o espírito do Opus Dei, devem santificar-se com a profissão, santificar a profissão e santificar os outros com a profissão. Vivendo assim, sem se distinguirem portanto dos outros cidadãos, iguais àqueles que com eles trabalham, esforçar-se-ão por identificar-se com Cristo, imitando os seus trinta anos de trabalho na oficina de Nazaré.

Porque essa tarefa habitual é, não apenas o âmbito em que se devem santificar, mas também a própria matéria da sua santidade: no meio dos incidentes do dia a dia, eles descobrem a mão de Deus e encontram um estímulo para a sua vida de oração. Os próprios afazeres profissionais os põem em contacto com outras pessoas – parentes, amigos, colegas – e com os grandes problemas que afetam a sociedade ou o mundo inteiro, deparando-lhes assim a ocasião de viverem essa entrega ao serviço dos outros, que é essencial aos cristãos. Assim, devem esforçar-se por dar um verdadeiro e autêntico testemunho de Cristo, para que todos aprendam a conhecer e a amar o Senhor, a descobrir que a vida normal no mundo, o trabalho de todos os dias, pode ser um encontro com Deus.

Por outras palavras: a santidade e o apostolado unem-se à vida dos sócios da Obra constituindo com ela uma só coisa: e por isso o trabalho é o eixo da sua vida espiritual. A sua entrega a Deus insere-se no trabalho que desenvolviam antes de virem para a Obra e que continuam desempenhando depois.

Quando, nos primeiros anos da minha atividade pastoral, comecei a pregar estas coisas, algumas pessoas não me entenderam, outras se escandalizaram: estavam acostumadas a ouvir falar do mundo sempre em sentido pejorativo. O Senhor me havia feito entender – e eu procurava dá-lo a entender aos outros – que o mundo é bom porque as obras de Deus são sempre perfeitas, e que fomos nós, os homens, que fizemos o mundo mau pelo pecado.

Dizia então, e continuo dizendo agora, que temos de amar o mundo, porque no mundo encontramos a Deus, porque, nas ocorrências e acontecimentos do mundo, Deus se manifesta a nós e a nós se revela.

O mal e o bem se misturam na história humana, e por isso o cristão deve ser uma criatura capaz de discernir; mas esse discernimento não o deve levar nunca a negar a bondade das obras de Deus: pelo contrário, deve levá-lo a reconhecer o divino que se manifesta no humano, mesmo por trás das nossas próprias fraquezas. Um bom lema para a vida cristã se pode encontrar naquelas palavras do Apóstolo: *Todas as coisas são vossas, e vós de Cristo, e Cristo de Deus* (1 Cor. III, 22), a fim de se realizarem assim os desígnios desse Deus que quer salvar o mundo.

Poderia fornecer-me alguns dados sobre a expansão da Obra durante estes quarenta anos de vida? Quais são as atividades apostólicas mais importantes?

71   Antes de mais nada, devo dizer que agradeço muito a Deus Nosso Senhor por me ter permitido ver a Obra, apenas quarenta anos após a sua fundação, estendida por todo o mundo. Quando nasceu em 1928, na Espanha, já nasceu *romana*, o que para mim quer dizer católica, universal. E o seu primeiro impulso foi, como era inevitável, a expansão por todos os países.

Ao pensar nestes anos decorridos, vêm-me à memória acontecimentos que me enchem de alegria: porque, de mistura com as dificuldades e as penas, que são o sal da vida, me recordam a eficácia da graça de Deus e a entrega – sacrificada e alegre – de tantos homens e mulheres que têm sabido ser fiéis. Porque quero deixar bem claro que o apostolado essencial do Opus Dei é o que cada sócio realiza individualmente no lugar em que trabalha, com a sua família, entre os seus amigos. Uma atividade que não chama a atenção, que não é fácil traduzir em estatísticas, mas que produz frutos de santidade em milhares de almas, que vão seguindo a Cristo, silenciosa e eficazmente, no meio da atividade profissional de todos os dias.

Sobre este tema não é possível dizer muito mais. Poderia contar-lhe a vida exemplar de muitas pessoas, mas isso desnaturalizaria a formosura humana e divina desse trabalho, na medida em que lhe tiraria intimidade. Reduzi-la a números e estatísticas seria ainda pior, porque equivaleria a querer catalogar em vão os frutos da graça nas almas.

Posso falar-lhe das atividades apostólicas que os sócios da Obra dirigem em muitos países. Atividades com fins espirituais e apostólicos, em que se procura trabalhar com esmero e, ao mesmo tempo, com *perfeição humana,* e em que colaboram muitas outras pessoas que não são do Opus Dei, mas que compreendem o valor sobrenatural desse trabalho ou apreciam o seu valor humano, como é o caso de tantos não cristãos que nos ajudam eficazmente. Trata-se sempre de tarefas laicais e seculares, promovidas por cidadãos comuns no exercício dos seus direitos cívicos normais, de acordo com as leis de cada país, e levadas sempre a cabo com critério profissional. Isto é, são tarefas que não aspiram a nenhum tipo de privilégio ou tratamento de favor.

Conhece certamente uma das atividades deste tipo que se leva a cabo em Roma: o Centro ELIS, que se dedica à capacitação profissional e à formação integral de trabalhadores, mediante escolas, atividades esportivas e culturais, bibliotecas, etc. É uma atividade que atende às necessidades de Roma e às circunstâncias particulares do ambiente humano em que surgiu, o bairro do Tiburtino. Obras semelhantes se levam a cabo em Chicago, Madri, México e em muitos outros lugares.

Outro exemplo poderia ser o *Strathmore College of Arts and Science,* de Nairobi. Trata-se de um *college* pré-universitário, por onde têm passado centenas de estudantes do Quênia, de Uganda e da Tanzânia. Através dele, alguns quenianos do Opus Dei, juntamente com outros seus concidadãos, têm realizado um profundo trabalho docente e social; foi o primeiro centro da *East Africa* que realizou a integração racial completa, e com a sua atividade contribuiu muito para a africanização da cultura. Coisas análogas se podem dizer do *Kianda College,* também de Nairobi, que vem realizando uma tarefa de primeira importância na formação da nova mulher africana.

Ainda a título de exemplo, posso referir também outra atividade: a Universidade de Navarra. Desde a sua fundação, em 1952, desenvolveu-se até contar agora com 18 faculdades, escolas e institutos, nos quais cursam estudos mais de seis mil alunos. Apesar do que escreveram recentemente certos jornais, devo dizer que a Universidade de Navarra não tem sido mantida por subsídios estatais. O Estado espanhol não custeia de modo nenhum os gastos de manutenção; apenas contribuiu com alguns subsídios para a criação de novos postos escolares. A Universidade de Navarra mantém--se graças à ajuda de pessoas e associações privadas. O sistema de ensino e de vida universitária, inspirado no critério de responsabilidade pessoal e de solidariedade entre todos os que ali trabalham, revelou-se eficaz, constituindo uma experiência muito positiva na atual situação da Universidade no mundo.

Poderia falar-lhe de atividades de outro tipo nos Estados Unidos, no Japão, na Argentina, na Austrália, nas Filipinas, na Inglaterra, na França, etc. Mas não é necessário. Bastará dizer que atualmente o Opus Dei está espalhado pelos cinco continentes e que a ele pertencem pessoas de mais de 70 nacionalidades e das mais diversas raças e condições.

Para terminar: o senhor está satisfeito com estes quarenta anos de atividade? As experiências destes últimos anos, as mudanças sociais, o Concílio Vaticano II, etc., sugeriram-lhe algumas mudanças de estrutura?

Satisfeito? Não posso deixar de estar, quando vejo que, apesar das minhas misérias pessoais, o Senhor fez em torno desta Obra de Deus tantas coisas maravilhosas. Para um homem que vive de fé, a sua vida será sempre a história das misericórdias de Deus. Em alguns momentos, talvez essa história seja difícil de ler, porque tudo pode parecer inútil, e até um fracasso; outras vezes, o Senhor deixa ver frutos copiosos, e aí é natural que o coração transborde em ação de graças.

Uma de minhas maiores alegrias foi precisamente ver como o Concílio Vaticano II proclamou com grande clareza a vocação divina do laicato. Sem jactância alguma, devo dizer que, pelo que diz respeito ao nosso espírito, o Concílio não representou um convite à mudança: pelo contrário, veio confirmar o que – pela graça de Deus – estávamos vivendo e ensinando há muitos anos. A principal característica do Opus Dei não são determinadas técnicas ou métodos de apostolado, nem umas estruturas determinadas, mas sim um espírito que leva precisamente a santificar o trabalho de cada dia.

Erros e misérias pessoais, repito, todos temos. E todos devemos examinar-nos seriamente na presença de Deus, confrontando a nossa própria vida com o que o Senhor nos exige. Mas sem esquecer o mais importante: *Si scires donum Dei!...* (Jo. IV, 10), se reconhecesses o dom de Deus!, dizia Jesus à Samaritana. E São Paulo acrescenta: *Trazemos este tesouro em vasos de barro, para que se reconheça que a excelência do poder é de Deus e não nossa* (2 Cor. IV, 7).

A humildade, o exame cristão, começa reconhecendo o dom de Deus. É algo bem diferente da atitude encolhida ante o rumo que tomam os acontecimentos, da sensação de inferioridade ou de desalento perante a história. Na vida pessoal, e às vezes também na vida das associações ou das instituições, pode haver coisas a mudar, inclusive muitas; mas a atitude com que o cristão deve enfrentar esses problemas tem que ser sobretudo a de admirar-se ante a magnitude das obras de Deus, comparadas com a pequenez humana.

O *aggiornamento* deve fazer-se, antes de mais nada, na vida pessoal, para pô-la de acordo com essa velha novidade do Evangelho. *Estar em dia* significa identificar-se com Cristo, que não é uma personagem que passou à história; Cristo vive e viverá sempre: *ontem, hoje e por todos os séculos* (Hebr. XIII, 8).

Quanto ao Opus Dei considerado em conjunto, bem se pode afirmar, sem qualquer espécie de arrogância, com agradecimento à bondade de Deus, que nunca terá problemas de adaptação ao mundo: nunca se achará na necessidade de *pôr-se em dia.* Deus Nosso Senhor *pôs em dia* a Obra de uma vez para sempre, dando-lhe essas características peculiares, laicais; e não terá nunca necessidade de *se adaptar ao mundo,* porque todos os seus sócios *são* do mundo; não terá que ir atrás do progresso humano, porque são todos os sócios da Obra, juntamente com os outros homens que vivem no mundo, que fazem esse progresso mediante o seu *trabalho cotidiano.*

A universidade a serviço da sociedade atual[1]

Monsenhor, desejávamos que nos dissesse quais são, em seu entender, os fins essenciais da Universidade e como deve situar-se o ensino da religião dentro dos estudos universitários.

A Universidade – bem o sabem, porque o estão vivendo ou desejam viver – deve prestar uma contribuição de primeira importância ao progresso humano. Como os problemas que se apresentam na vida dos povos são múltiplos e complexos – espirituais, culturais, sociais, econômicos, etc. –, a formação que a Universidade deve proporcionar há de abranger todos esses aspectos.

O desejo de trabalhar pelo bem comum não basta; o

---

(1) Entrevista realizada por Andrés Garrigó. Publicada na *Gaceta Universitaria* (Madri), em 5-10-1967.

caminho para que este desejo se torne realidade é preparar homens e mulheres capazes de adquirir um bom preparo e capazes de dar aos outros o fruto da plenitude adquirida.

A religião é a maior rebelião do homem que não quer viver como um animal, que não se conforma – que não sossega – sem conhecer o Criador e privar com Ele: o estudo da religião torna-se portanto uma necessidade fundamental.

Um homem que careça de formação religiosa não está completamente formado. Por isso a religião deve estar presente na Universidade e deve ensinar-se em nível superior, científico, de boa teologia. Uma Universidade da qual a religião esteja ausente é uma Universidade incompleta, porque ignora uma dimensão fundamental da pessoa humana, que não exclui – antes exige – as demais dimensões.

Por outro lado, ninguém pode violar a liberdade das consciências: o ensino da religião deve ser livre, ainda que o cristão saiba que, se quiser ser coerente com a sua fé, tem obrigação grave de se formar bem nesse terreno, de possuir, portanto, uma cultura religiosa, isto é, de adquirir doutrina, para poder viver dela e para poder dar testemunho de Cristo com o exemplo e com a palavra.

Na etapa histórica que vivemos, há uma preocupação singular pela democratização do ensino, por sua acessibilidade a todas as classes sociais, e não se pode conceber a institui-

ção universitária sem uma projeção ou função social. Em que sentido entende esta democratização e de que modo pode a Universidade cumprir a sua função social?

É necessário que a Universidade incuta nos estudantes uma mentalidade de serviço: serviço à sociedade, promovendo o bem comum através do trabalho profissional e da atuação pública. Os universitários devem ser responsáveis, sentir uma sã inquietação pelos problemas dos outros e um espírito generoso que os leve a enfrentar esses problemas e a procurar encontrar para eles a melhor solução. É missão da Universidade dar tudo isto aos estudantes.

74

Todos aqueles que reunirem condições devem ter acesso aos estudos superiores, sejam quais forem a sua origem social, os seus meios econômicos, a sua raça ou religião. Enquanto existirem barreiras neste sentido, a democratização do ensino será apenas uma frase oca.

Em resumo: a Universidade deve estar aberta a todos e, por outro lado, deve formar os estudantes para que o seu futuro trabalho profissional venha a estar ao serviço de todos.

Muitos estudantes desejam adotar uma atitude ativa ante o panorama que observam em todo o mundo, e sentem-se solidários de tantas pessoas que sofrem física e moralmente ou que vivem na indigência. Que ideais sociais proporia a esta juventude intelectual de hoje?

75   O ideal é, sobretudo, a realidade de um trabalho bem feito, a adequada preparação científica durante os anos da Universidade. Com esta base, há milhares de lugares no mundo que precisam de braços, que esperam por um trabalho pessoal, duro e sacrificado. A Universidade não deve formar homens que consumam egoisticamente as vantagens alcançadas através de seus estudos; deve prepará-los para uma tarefa de generosa ajuda ao próximo, de fraternidade cristã.

Muitas vezes, esta solidariedade esgota-se em manifestações orais ou escritas, quando não em algazarras estéreis ou prejudiciais. A solidariedade, meço-a eu por obras de serviço: conheço milhares de casos de estudantes, de muitos países, que renunciaram ao seu pequeno mundo privado, dando-se aos outros mediante um trabalho profissional, que procuram fazer com perfeição humana, em obras de ensino, de assistência, sociais, etc., com espírito sempre jovem e cheio de alegria.

> *Perante a atualidade sócio-política do nosso e dos restantes países em face da guerra, da injustiça ou da opressão, que responsabilidade atribui à Universidade como corporação, aos professores e aos alunos? Pode a Universidade, em qualquer caso, admitir dentro do seu recinto o desenvolvimento de atividades políticas por parte de estudantes e professores?*

76   Antes de mais nada, quero dizer que nesta conversa estou exprimindo uma opinião, a minha, a de uma pes-

soa que desde os dezesseis anos – agora tenho sessenta e cinco – não perdeu o contacto com a Universidade. Exponho o meu modo pessoal de ver esta questão, não o modo de ver do Opus Dei, que em todas as coisas temporais e discutíveis não quer nem pode ter opção nenhuma – cada sócio da Obra tem e exprime livremente o seu próprio parecer *pessoal,* pelo qual é também *pessoalmente responsável* –, já que o fim do Opus Dei é *exclusivamente* espiritual.

Voltando à pergunta, parece-me que seria preciso, em primeiro lugar, chegar a um acordo sobre o que significa *política.* Se por política se entende interessar-se e trabalhar em favor da paz, da justiça social, da liberdade de todos, então todos na Universidade, e a Universidade como corporação, têm obrigação de sentir esses ideais e de fomentar a preocupação de resolver os grandes problemas da vida humana.

Se, em vez disso, por política se entende a solução concreta de um determinado problema, a par de outras soluções possíveis e legítimas, em confronto com os que sustentam o contrário, penso que não é a Universidade a instância que deve pronunciar-se a esse respeito.

A Universidade é o lugar onde as pessoas se *preparam* para dar soluções a esses problemas; é a casa comum, lugar de estudo e de amizade; lugar onde devem *conviver em paz* pessoas de diversas tendências que, em cada momento, sejam expressão do legítimo pluralismo que existe na sociedade.

Se o condicionalismo político de determinado país chegasse a tal situação que um uni-

versitário – professor ou aluno – considerasse preferível, em consciência, politizar a Universidade, por carecer de meios lícitos para evitar o mal geral da nação, poderia, no uso da sua liberdade, fazê-lo?

77   Se num país não existisse a mínima liberdade política, talvez se produzisse uma desnaturalização tal da Universidade que, deixando de ser a casa comum, viesse a converter-se em campo de batalha de facções opostas.

Penso, não obstante, que seria preferível dedicar esses anos a uma preparação séria, à formação de uma mentalidade social, para que aqueles que mais tarde houvessem de mandar – os que agora estudam – não caíssem nessa aversão à liberdade pessoal que é verdadeiramente patológica. Se a Universidade se converte no lugar onde se debatem e se decidem problemas políticos concretos, é fácil que se perca a serenidade acadêmica e que os estudantes se formem num espírito de partidarismo; e assim a Universidade e o país arrastarão sempre esse mal crônico que é o totalitarismo, seja qual for o seu sinal.

Ao afirmar que a Universidade não é lugar para a política quero, no entanto, esclarecer que não excluo, antes desejo, um estatuto político normal para todos os cidadãos. E se bem que a minha opinião sobre este ponto seja muito concreta, não quero acrescentar mais nada, porque a minha missão não é política, mas sacerdotal. Tenho direito a dizer o que disse, porque me considero universitário, e tudo aquilo que se refere à

Universidade me apaixona. Não faço, nem quero, nem posso fazer política. Mas a minha mentalidade de jurista e de teólogo – a minha fé cristã também – levam-me a estar sempre ao lado da legítima liberdade de todos os homens.

Em questões temporais, ninguém pode pretender impor dogmas que não existem. Ante um problema concreto, qualquer que ele seja, a solução deve ser estudá-lo bem e, depois, atuar em consciência, com liberdade e com responsabilidade também pessoal.

Quais são, em sua opinião, as funções que competem às associações ou sindicatos de estudantes? Como devem encarar-se as suas relações com as autoridades acadêmicas?

78 Está pedindo um juízo sobre uma questão muito ampla. Não vou, por isso, descer a pormenores; só algumas ideias gerais. Penso que as associações de estudantes devem intervir nas tarefas especificamente universitárias. Deve haver representantes – eleitos livremente por seus companheiros – que se relacionem com as autoridades acadêmicas, conscientes de que têm de trabalhar em uníssono, numa tarefa comum: eis aqui outra boa oportunidade de realizar uma verdadeira obra de serviço.

É necessário um estatuto que estabeleça as regras a seguir para que esta tarefa se realize com eficácia, com justiça e de forma racional. Os assuntos devem ser bem trabalhados, bem pensados; se as soluções que se propõem forem bem estudadas, nascidas do desejo de construir e não da ânsia de criar conflitos, passarão a gozar de uma autoridade interna que faz com que se imponham por si sós.

Para tudo isto é preciso que os representantes das associações tenham uma formação séria: que amem em primeiro lugar a liberdade dos outros e a sua própria liberdade, com a consequente responsabilidade; que não desejem o brilho pessoal nem se atribuam faculdades que não têm, mas procurem o bem da Universidade, que é o bem dos seus companheiros de estudo. E que os eleitores escolham os seus representantes por essas qualidades e não por razões alheias à eficácia da sua *Alma Mater:* só assim a Universidade será o lugar de paz, remanso de serena e nobre inquietação, que facilita o estudo e a formação de todos.

> *Em que sentido entende a liberdade de ensino e em que condições a considera necessária? Neste sentido, que atribuições se devem reservar ao Estado em matéria de ensino superior? Considera que a autonomia é um princípio básico para a organização da Universidade? Poderia apontar-nos as linhas mestras em que se deve fundar o sistema de autonomia?*

79   A liberdade de ensino é apenas um aspecto da liberdade em geral. Considero a liberdade pessoal necessária para todos e em tudo o que é moralmente lícito. Liberdade de ensino, portanto, em todos os níveis e para todas as pessoas! Quer isto dizer que toda a pessoa ou associação com capacidade para tal deve ter a possi-

bilidade de fundar centros de ensino em igualdade de condições e sem impedimentos desnecessários.

A função do Estado depende da situação social: é diferente na Alemanha ou na Inglaterra, no Japão ou nos Estados Unidos, para citar países com estruturas educacionais muito diversas. O Estado tem evidentemente funções de promoção, de "controle", de vigilância. E isso exige igualdade de oportunidades entre a iniciativa privada e a do Estado: vigiar não é levantar obstáculos, nem impedir ou coarctar a liberdade.

Por isso considero necessária a autonomia docente – autonomia é outra forma de dizer liberdade de ensino. A Universidade como corporação deve ter a independência de um órgão num corpo vivo, liberdade na sua tarefa específica em favor do bem comum.

Eis alguns passos que se podem dar para a efetiva realização desta tendência: liberdade de escolha do professorado e dos administradores; liberdade para o estabelecimento dos planos de estudo; possibilidade de constituir o seu patrimônio e de administrá-lo. Enfim, todas as condições necessárias para que a Universidade goze de vida própria. Tendo esta vida própria, saberá dá-la para bem de toda a sociedade.

Descobre-se na opinião estudantil uma crítica cada vez mais intensa ao sistema de cátedra universitária vitalícia. Parece-lhe acertada esta corrente de opinião?

Sim. Se bem que reconheça o alto nível científico 80 e humano do professorado espanhol, prefiro o sistema de livre contratação dos professores. Penso que este sistema não prejudica economicamente o professor e constitui um incentivo para que o catedrático não deixe nunca de pesquisar e de progredir em sua especialidade. Evita também que as cátedras sejam tidas como feudos, em vez de lugares de serviço.

Não excluo que o sistema da cátedra vitalícia possa dar bons resultados em algum país, nem que com esse sistema se verifiquem casos de catedráticos muito competentes, que fazem da sua cátedra um verdadeiro serviço à Universidade. Mas parece-me que o sistema de livre contrato permite que estes casos sejam em maior número, até se conseguir o ideal de que o sejam praticamente todos.

Não é de opinião que, depois do Vaticano II, ficaram antiquados os conceitos de "colégios da Igreja", "colégios católicos", "Universidades da Igreja", etc.? Não lhe parece que tais conceitos comprometem indevidamente a Igreja ou soam a privilégio?

81 Não, não me parece, se por *colégios da Igreja, colégios católicos,* etc., se entender o resultado do direito que a Igreja e as Ordens e Congregações religiosas têm de criar centros de ensino. Instalar um colégio ou uma universidade não é um privilégio, mas um fardo, quando se procura que seja um centro para todos, não só para os que dispõem de recursos econômicos.

O Concílio não pretendeu declarar superadas as instituições docentes confessionais: só quis fazer ver que há outra forma – inclusive mais necessária e universal, vivida há tantos anos pelos sócios do Opus Dei – de presença cristã no ensino, que é a livre iniciativa dos cidadãos católicos que têm profissões ligadas à educação, dentro e fora dos centros criados pelo Estado. É mais uma manifestação da plena consciência que a Igreja tem, nestes tempos, da fecundidade do apostolado dos leigos.

Tenho de confessar, por outro lado, que não simpatizo com as expressões *escola católica, colégio da Igreja,* etc., ainda que respeite todos aqueles que pensem o contrário.

Prefiro que as realidades se distingam por seus frutos, não por seus nomes. Um colégio será efetivamente cristão quando, sendo como os restantes e esmerando-se em progredir, realizar um trabalho de formação completa – também cristã –, respeitando a liberdade pessoal e promovendo a urgente justiça social. Se faz isto realmente, o nome é de menos importância. Pessoalmente, repito, prefiro evitar esses adjetivos.

Como Grão-Chanceler da Universidade de Navarra, desejaríamos que nos falasse dos princípios que o inspiraram a fundá-la e do seu significado atual no âmbito da Universidade espanhola.

A Universidade de Navarra surgiu em 1952 – depois de rezar durante anos e anos, sinto alegria em dizê--lo – com a aspiração de dar vida a uma instituição universitária na qual se plasmassem os ideais culturais e

82

apostólicos de um grupo de professores profundamente interessados na missão docente. Ela desejou então – e deseja agora – contribuir, lado a lado com as outras universidades, para resolver os graves problemas educativos da Espanha e de muitos outros países que necessitam de homens bem preparados para construírem uma sociedade mais justa.

Quando foi fundada, aqueles que a iniciaram não eram estranhos à Universidade espanhola: eram professores que se haviam formado e tinham exercido o seu magistério em Madri, Barcelona, Sevilha, Santiago, Granada e em várias outras universidades. Esta colaboração estreita – atrever-me-ia a dizer mais estreita que a que mantêm entre si universidades inclusive vizinhas – tem continuado, mediante frequentes intercâmbios e visitas de professores, congressos nacionais nos quais se trabalha em conjunto, etc. O mesmo contacto tem sido mantido e se mantém com as melhores universidades de outros países, conforme foi confirmado pela recente investidura, como doutores *honoris causa*, de professores da Sorbonne, Harvard, Coimbra, Munique e Lovaina.

A Universidade de Navarra tem servido também para orientar a ajuda de tantas pessoas que veem nos estudos universitários uma base fundamental do progresso do país, quando estão abertos a todos aqueles que merecem estudar, sejam quais forem os seus recursos econômicos. É uma realidade a Associação de Amigos da Universidade de Navarra que, com a sua contribuição generosa, já conseguiu distribuir um elevado número de bolsas de estudo. Este número aumentará cada vez mais, como aumentará a afluência de estudantes afro-asiáticos e latino-americanos.

Algumas pessoas escreveram que a Universidade de Navarra é uma Universidade para ricos e que, ainda por cima, recebe subsídios avultados do Estado. Quanto ao primeiro ponto, sabemos que não é assim, porque somos também estudantes e conhecemos os nossos companheiros; quais são, na realidade, esses subsídios estatais?

Existem dados concretos ao alcance de toda a gente, porque foram difundidos pela imprensa, que permitem ver como – sendo o custo aproximadamente o mesmo das restantes Universidades – o número de universitários que recebem ajuda econômica para os seus estudos na Universidade de Navarra é superior ao de qualquer outra Universidade do país. Posso dizer que este número ainda aumentará para procurar alcançar uma percentagem mais alta ou, pelo menos, semelhante à da Universidade não espanhola que mais se distinga pelo seu trabalho de promoção social.

Compreendo que desperte as atenções o fato de se ver a Universidade de Navarra como um organismo vivo que funciona admiravelmente, e que isto faça pensar na existência de ingentes meios econômicos. Mas ao discorrer assim, não se tem em conta que não bastam os recursos materiais para que uma iniciativa progrida com garbo: a vida deste centro deve-se principalmente à dedicação, ao entusiasmo e ao trabalho que professores, alunos, empregados, contínuos, essas louváveis mulheres navarras que fazem a limpeza, todos, enfim, consagram à sua Universidade. Não fora isto, e a Universidade não teria podido sustentar-se.

A Universidade tem sido financiada mediante subsídios. Em primeiro lugar, os da "Diputación Foral de Navarra", para despesas de manutenção. É preciso mencionar também a cedência de terrenos por parte do "Ayuntamiento de Pamplona", para construção dos edifícios, como é prática habitual dos municípios de tantos países. Sabem por experiência o *interesse moral e econômico* que tem para uma região como Navarra, e concretamente para Pamplona, contar com uma Universidade moderna que abre, a todos, a possibilidade de receber um bom ensino superior.

Perguntam-me por subsídios do Estado. O Estado espanhol não ajuda a cobrir as despesas de sustentação da Universidade de Navarra. Concedeu apenas alguns subsídios para a criação de novos postos escolares, os quais aliviam o grande esforço econômico requerido pelas novas instalações.

Outra fonte de receitas, concretamente para a Escola Técnica Superior de Engenheiros Industriais, são as corporações guipuzcoanas, e em especial a "Caja de Ahorros Municipal de Guipúzcoa".

Tiveram especial importância, desde os começos da Universidade, as ajudas prestadas por fundações espanholas ou estrangeiras, estatais e privadas: assim, um vultoso donativo oficial dos Estados Unidos, para dotar de aparelhagem científica a Escola de Engenheiros Industriais; a contribuição da obra assistencial alemã

Misereor para o plano dos novos edifícios; a da Fundação Huarte para a investigação sobre o câncer; as da Fundação Gulbenkian, etc.

Depois, a ajuda que, se é possível, mais se agradece: a de milhares de pessoas de todas as classes sociais, muitas delas de poucos recursos econômicos, que na Espanha e fora da Espanha estão colaborando, na medida de suas possibilidades, na sustentação da Universidade.

Finalmente, é preciso não esquecer as empresas que se interessam e cooperam nas tarefas de investigação da Universidade, ou a ajudam de qualquer modo.

Talvez pensem que, com tudo isto, o dinheiro acabe sobrando. Não é assim: a Universidade de Navarra continua sendo deficitária. Desejava que nos ajudassem ainda mais pessoas e mais fundações, para podermos continuar com mais extensão esta tarefa de serviço e de promoção social.

Como fundador do Opus Dei e impulsionador de uma ampla gama de instituições universitárias em todo o mundo, poderia descrever-nos que motivações levaram o Opus Dei a criá-las e quais são os traços principais do contributo do Opus Dei neste nível de ensino?

O fim do Opus Dei é fazer com que muitas pessoas, em todo o mundo, saibam, na teoria e na prática, que é possível santificar a atividade corrente, o trabalho de cada dia; que é possível buscar a perfeição cristã no meio da rua, sem abandonar as tarefas a que o Senhor nos quis chamar. Por isso, o apostolado mais importante do Opus Dei é aquele que é realizado individualmente por seus sócios, através da sua atuação profissional exercida com a maior perfeição humana – apesar dos meus erros pessoais e dos que cada um possa ter. Isto em todos os ambientes e em todos os países: porque pertencem ao Opus Dei pessoas de cerca de setenta nações, de todas as raças e condições sociais.

Além disso, o Opus Dei, como corporação, promove, com o concurso de um grande número de pessoas que não estão associadas à Obra – e que muitas vezes não são cristãs –, trabalhos *corporativos,* com que procura contribuir para a resolução dos problemas que o mundo atual enfrenta: centros educativos, assistenciais, de promoção e capacitação profissional, etc.

As instituições universitárias são apenas um aspecto destas tarefas. As linhas que as caracterizam podem resumir-se assim: educação na liberdade pessoal e na responsabilidade também pessoal. Com liberdade e responsabilidade trabalha-se com gosto, tem-se rendimento, não há necessidade de "controles" nem de vigilância, porque todos se sentem em *sua casa* e basta um simples horário. Depois, o espírito de convivência sem discriminações de nenhum tipo. É na convivência que se formam as pessoas, até que cada qual aprenda que, para poder exigir que respeitem a sua liberdade, deve respeitar a liberdade dos outros. Finalmente, o espírito de fraternidade humana: os talentos próprios devem ser postos ao serviço dos outros, pois sem isso de pouco valem. As obras corporativas que o Opus Dei promove em todo o mundo estão sempre ao serviço de todos, porque são um serviço cristão.

Em maio, numa reunião que teve com os estudantes da Universidade de Navarra, prometeu um livro sobre temas estudantis e universitários. Poderia dizer-nos se demorará muito a aparecer?

Permitam a um velho de mais de sessenta anos esta pequena vaidade: confio em que o livro sairá e poderá ser útil a professores e alunos. Pelo menos, porei nele todo o carinho que tenho pela Universidade, um carinho que nunca perdi desde que nela pus os pés pela primeira vez... há tantos anos!

Talvez demore ainda um pouco a aparecer, mas chegará. Prometi, em outra ocasião, aos estudantes de Navarra, uma imagem da Santíssima Virgem para colocar no meio do *campus*, donde abençoasse o amor limpo, são, da juventude. A estátua demorou um pouco a chegar, mas chegou por fim: Santa Maria, Mãe do Amor Formoso, abençoada expressamente pelo Santo Padre para vocês.

Acerca do livro, devo dizer que não esperem que agrade a todos. Exporei nele as minhas opiniões, confiando em que serão respeitadas pelos que pensem o contrário, como eu respeito todas as opiniões diferentes da minha, como respeito aqueles que têm um coração grande e generoso, ainda que não compartilhem comigo a fé de Cristo. Vou contar-lhes uma coisa que me sucedeu muitas vezes, a última delas aqui, em Pam-

plona. Aproximou-se de mim um estudante que queria cumprimentar-me.
— "Monsenhor, eu não sou cristão" — disse-me –, "sou maometano". — "És filho de Deus como eu" – respondi. E abracei-o com toda a minha alma.

Finalmente, pode dizer-nos alguma coisa a nós que trabalhamos na imprensa universitária?

86 O jornalismo é uma grande coisa, como também o jornalismo universitário. Vocês podem contribuir muito para promover entre os companheiros o amor aos ideais nobres, o afã de superação do egoísmo pessoal, a sensibilidade ante os afazeres coletivos, a fraternidade. E agora, uma vez mais, não posso deixar de convidá-los a amar a verdade.

Não oculto que me repugna o sensacionalismo de alguns jornalistas que dizem a verdade a meias. Informar não é ficar a meio caminho entre a verdade e a mentira. Isso nem se pode chamar informação, nem é moral; nem se podem chamar jornalistas aqueles que misturam, com poucas meias verdades, bastantes erros e mesmo calúnias premeditadas: não se podem chamar jornalistas porque não são mais do que as engrenagens — mais ou menos lubrificadas — de qualquer organização propaladora de falsidades, que sabe que serão repetidas até à saciedade, sem má-fé, pela ignorância e estupidez de muitos. Tenho de confessar-lhes que, pelo que me toca, esses falsos jornalistas *saem com vantagem,* porque não há dia em que não reze carinhosamente por eles, pedindo ao Senhor que lhes esclareça as consciências. Por isso, peço a vocês que difundam o amor ao bom jornalismo, que é aquele que não se contenta com rumores infundados, com os boatos inventados por imaginações febris. Informem com fatos, com resultados, sem julgar as intenções, mantendo a legítima diversidade de opiniões, num plano equânime, sem descer ao ataque pessoal. É difícil que haja verdadeira convivência onde falta a verdadeira informação; e a informação verdadeira é aquela que não tem medo à verdade e que não se deixa levar por desejos de subir, de falso prestígio ou de vantagens econômicas.

A mulher na vida do mundo e da Igreja[1]

Monsenhor, é cada vez maior a presença da mulher na vida social, para além do âmbito familiar em que ela até agora se movia quase exclusivamente. Que lhe parece esta evolução? E quais são, em seu entender, as características gerais que a mulher deve vir a ter para cumprir a sua missão?

Em primeiro lugar, parece-me oportuno não contrapor esses dois âmbitos que acaba de referir. Tanto como na vida do homem, ainda que com matizes muito peculiares, o lar e a família ocuparão sempre um lugar central na vida da mulher: é evidente que a dedicação aos afazeres familiares representa uma grande função

---

(1) Entrevista realizada por Pilar Salcedo. Publicada em *Telva* (Madri), em 1-02-1968.

humana e cristã. Isto, porém, não exclui a possibilidade de uma ocupação em outros trabalhos profissionais – o do lar também o é –, em qualquer dos ofícios e empregos nobres que há na sociedade em que se vive. Logo se vê o que se quer dizer quando se equaciona o problema assim; contudo, eu penso que insistir na contraposição sistemática – mudando apenas a tônica – levaria facilmente, do ponto de vista social, a um equívoco maior do que aquele que se tenta corrigir, pois seria mais grave que a mulher abandonasse o seu trabalho em casa.

No plano pessoal, também não se pode afirmar unilateralmente que a mulher só fora do lar alcança a sua perfeição, como se o tempo dedicado à família fosse um tempo roubado ao desenvolvimento e à maturidade da sua personalidade. O lar – seja qual for, porque também a mulher solteira deve ter um lar – é um âmbito particularmente propício ao desenvolvimento da personalidade. A atenção prestada à família será sempre para a mulher a sua maior dignidade: no cuidado do marido e dos filhos ou, para falar em termos mais gerais, no trabalho com que procura criar em torno de si um ambiente acolhedor e formativo, a mulher realiza o que há de mais insubstituível na sua missão e, por conseguinte, pode atingir aí a sua perfeição pessoal.

Como acabo de dizer, isso não se opõe à participação em outros aspectos da vida social e mesmo da política, por exemplo. Também nesses setores pode a mulher dar uma valiosa contribuição, como pessoa, e sempre com as peculiaridades da sua condição feminina; e assim o fará na medida em que estiver humana e profissionalmente preparada. É claro que tanto a família quanto a sociedade necessitam dessa contribuição especial, que não é de modo algum secundária.

Desenvolvimento, maturidade, emancipação da mulher, não devem significar uma pretensão de igualdade – de uniformidade – com o homem, uma *imitação* do modo de atuar masculino: isso seria um logro, seria uma perda para a mulher; não porque ela seja mais, mas porque é diferente. Num plano essencial – que deve ser objeto de reconhecimento jurídico, tanto no direito civil como no eclesiástico –, aí, sim, pode-se falar de *igualdade de direitos,* porque a mulher tem, exatamente como o homem, a dignidade de pessoa e de filha de Deus. Mas, a partir dessa igualdade fundamental, cada um deve atingir o que lhe é próprio; e, neste plano, dizer emancipação é o mesmo que dizer possibilidade real de a mulher desenvolver plenamente as virtualidades próprias: as que tem na sua singularidade e as que tem como mulher. A igualdade perante o direito, a igualdade de oportunidades em face da lei, não suprime, antes pressupõe e promove essa diversidade, que é riqueza para todos.

A mulher está destinada a levar à família, à sociedade civil, à Igreja, algo de característico, que lhe é próprio e que só ela pode dar: a sua delicada ternura, a sua generosidade incansável, o seu amor pelo concreto, a sua agudeza de engenho, a sua capacidade de intuição, a sua piedade profunda e simples, a sua tenacidade... A feminilidade não é autêntica se não reconhecer a formosura dessa contribuição insubstituível, e se não a inserir na própria vida.

Para cumprir essa missão, a mulher tem de desenvolver a sua própria personalidade, sem se deixar levar por um ingênuo espírito de imitação que – em geral – a situaria facilmente num plano de inferioridade, impedindo-lhe a realização das suas possibilidades mais originais. Se se forma bem, com autonomia pessoal, com autenticidade, realizará eficazmente o seu trabalho, a missão para que se sente chamada, seja qual for: a sua vida e trabalho serão realmente construtivos e fecundos, cheios de sentido, quer passe o dia dedicada ao marido e aos filhos, quer se entregue plenamente a outras tarefas, se renunciou ao casamento por alguma razão nobre. Cada uma no seu próprio caminho, sendo fiel à vocação humana e divina, pode realizar e realiza de fato a plenitude da personalidade feminina. Não esqueçamos que Santa Maria, Mãe de Deus e Mãe dos homens, é não apenas modelo, mas também prova do valor transcendente que pode alcançar uma vida aparentemente sem relevo.

Mas, às vezes, a mulher não tem certeza de se encontrar realmente no lugar que lhe compete e a que é chamada. Muitas vezes, quando faz um trabalho fora de casa, pesam sobre ela as solicitações do lar; e quando continua dedicando-se em cheio à família, sente-se limitada em suas possibilidades. Que diria o senhor às mulheres que passam por essas contradições?

88 Esse sentimento, que é muito real, procede frequentemente, mais do que das limitações concretas –

que todos temos, por sermos humanos –, da falta de ideais bem determinados, capazes de orientar a vida inteira, ou então de uma inconsciente soberba: às vezes, desejaríamos ser os melhores sob qualquer aspecto e em qualquer nível. E, como isso não é possível, nasce um estado de desorientação e de ansiedade, ou até de desânimo e de tédio: não se pode estar em toda a parte ao mesmo tempo, não se sabe a que se há de atender e não se atende a nada eficazmente. Nesta situação, a alma fica exposta à inveja, a imaginação tende a desatar-se e a buscar um refúgio na fantasia que, afastando da realidade, acaba adormecendo a vontade. É o que repetidas vezes chamei de *mística do oxalá*[2], feita de sonhos vãos e de falsos idealismos: oxalá não me tivesse casado, oxalá não tivesse esta profissão, oxalá tivesse mais saúde, ou menos anos ou mais tempo!

O remédio – custoso, como tudo o que tem valor – está em procurar o verdadeiro *centro* da vida humana, o que pode dar uma hierarquia, uma ordem e um sentido a tudo: a intimidade com Deus, mediante uma vida interior autêntica. Se, vivendo em Cristo, tivermos nEle o nosso *centro*, descobriremos o sentido da missão que nos foi confiada, teremos um ideal humano que se torna divino, novos horizontes de esperança se abrirão à nossa vida, e chegaremos a sacrificar com gosto, não já este ou aquele aspecto da nossa atividade, mas a vida

---

(2) A expressão castelhana – *mística ojalatera* – envolve um trocadilho intraduzível: *hojalata* é folha de flandres ou lata, e *ojalá* equivale ao nosso "oxalá". Como é óbvio, o Autor pretende frisar a ideia de que esta mística não vale nada, que é "de lata" (N. do T.).

inteira, dando-lhe assim, paradoxalmente, o seu mais profundo acabamento.

O caso da mulher, que você focaliza, não é extraordinário: com outras peculiaridades, muitos homens sentem algo de semelhante algumas vezes. A raiz costuma ser a mesma: falta de um ideal profundo, que só se descobre à luz de Deus.

Em todo o caso, também é preciso pôr em prática pequenos remédios, que parecem banais, mas que não o são: quando há muitas coisas a fazer, é necessário estabelecer uma ordem, impõe-se *organizar a vida*. Muitas das dificuldades provêm da falta de ordem, da carência deste hábito. Há mulheres que fazem mil coisas, e todas bem, porque organizaram a vida, porque impuseram com fortaleza uma ordem à abundância das tarefas. Souberam permanecer em cada momento no que deviam fazer, sem se desvairarem pensando no que viria depois ou no que talvez tivessem podido fazer antes. Outras, em contrapartida, veem-se afobadas pelos muitos afazeres; e assim afobadas, não fazem nada.

Sempre haverá, decerto, muitas mulheres cuja única ocupação seja dirigir o seu lar. Devo dizer que é uma grande ocupação, que vale a pena. Através dessa profissão – porque o é, verdadeira e nobre – influem positivamente, não só na família, mas também numa multidão de amigos e de conhecidos, em pessoas com as quais de um modo ou de outro se relacionam, realizando uma tarefa bem mais extensa, muitas vezes, do que a de outras profissões. Isto, para não falar do que acontece quando põem essa experiência e essa ciência ao serviço de centenas de pessoas, em centros destinados à formação da mulher, como os que dirigem as minhas filhas do Opus Dei em todos os países do mundo. Nessa altura, convertem-se em professoras do lar, com mais eficácia educativa, diria eu, do que muitos catedráticos de universidade.

Desculpe insistir no mesmo tema: através de cartas que chegam à Redação, sabemos que algumas mães de família numerosa se queixam de se verem reduzidas ao papel de trazer filhos ao mundo, sentindo uma insatisfação muito grande por não poderem dedicar a sua vida a outros campos: trabalho profissional, acesso à cultura, projeção social... Que conselhos daria o senhor a essas pessoas?

Mas vejamos: o que é a projeção social senão dar-se aos outros, com sentido de entrega e de serviço, e contribuir eficazmente para o bem de todos? A atividade da mulher em casa não só constitui, já de per si, uma função social, mas também facilmente pode ser a função social de maior projeção.

Imaginem o caso de uma família numerosa: aí, a atividade da mãe é comparável – e muitas vezes vai mais longe – à dos educadores e formadores profissionais.

Um professor consegue, talvez ao longo de uma vida inteira, formar mais ou menos bem um certo número de moços ou moças. Uma mãe pode formar os seus filhos com profundidade, nos aspectos mais básicos, e pode fazer deles, por sua vez, outros formadores, criando-se assim uma cadeia ininterrupta de responsabilidade e de virtudes.

Também nestes temas é fácil deixar-se seduzir por critérios meramente quantitativos, e pensar: é preferível o trabalho de um professor, que vê passar por suas aulas milhares de pessoas, ou o de um escritor, que se dirige a milhares de leitores. Certo, mas... quantos formam realmente esse professor e esse escritor? Uma mãe tem a seu cuidado três, cinco, dez ou mais filhos; e pode fazer deles uma verdadeira obra de arte, uma maravilha de educação, de equilíbrio, de compreensão, de sentido cristão da vida, de maneira a serem felizes e chegarem a ser realmente úteis aos outros.

Por outro lado, é natural que os filhos e as filhas ajudem nas tarefas da casa: uma mãe que saiba preparar bem os seus filhos, pode conseguir isso, e dispor assim de oportunidades, de tempo que – bem aproveitado – lhe permita cultivar as suas inclinações e talentos pessoais, e enriquecer a sua cultura. Felizmente, não faltam hoje meios técnicos que, como sabem perfeitamente, poupam muito trabalho, se forem convenientemente utilizados e deles se tirar todo o rendimento possível. Nisto, como em tudo, são determinantes as condições pessoais: há mulheres que têm uma máquina do último modelo e demoram mais tempo a lavar – e o fazem pior – do que quando o faziam à mão. Os instrumentos só são úteis quando se sabem empregar.

Sei de muitas mulheres casadas e com bastantes filhos que tomam conta do seu lar perfeitamente e, além disso, acham tempo para colaborar em outras tarefas apostólicas, como fazia aquele casal da primitiva cristandade: Áquila e Priscila. Ambos trabalhavam em casa e no seu ofício, e foram também esplêndidos cooperadores de São Paulo: com a sua palavra e com o seu exemplo, levaram a fé de Jesus Cristo a Apolo, que depois foi um grande pregador da Igreja nascente. Conforme já disse, boa parte das limitações se podem superar, se de verdade se quer, sem deixar de cumprir dever algum. Na realidade, há tempo para fazer muitas coisas, para tomar conta do lar com senso profissional, para dar-se aos outros continuamente, para melhorar a cultura própria e para enriquecer a dos outros, para realizar tantas tarefas eficazes.

O senhor aludiu à presença da mulher na vida pública, na política. Atualmente estão-se dando passos importantes neste sentido. Qual é, a seu ver, a tarefa específica que a mulher deve realizar neste terreno?

A presença da mulher no conjunto da vida social é um fenômeno lógico e totalmente positivo, parte desse outro fenômeno mais amplo a que antes me referi. Uma sociedade moderna, democrática, tem que reconhecer à mulher o direito de participar ativamente da vida política, cumprindo-lhe criar as condições favoráveis para que exerçam esse direito todas as que o desejarem.

A mulher que queira dedicar-se ativamente à direção dos assuntos públicos está obrigada a preparar-se convenientemente, a fim de que a sua atuação na vida da comunidade seja responsável e positiva. Todo o trabalho profissional exige uma formação prévia, e depois um esforço constante para melhorar essa preparação e acomodá-la às novas circunstâncias que apareçam. Esta exigência constitui um dever particularíssimo para os que aspiram a ocupar postos de direção na sociedade, pois são chamados também a um serviço muito importante, de que depende o bem-estar de todos.

Se uma mulher dispõe da preparação adequada, deve ter a possibilidade de encontrar aberto o caminho da vida pública, em todos os níveis. Neste sentido, não se podem apontar umas tarefas específicas que sejam da competência exclusiva da mulher. Conforme disse antes, neste terreno o específico não é dado tanto pela tarefa ou pelo posto, como pelo modo de realizar essa função, pelos matizes que a sua condição de mulher encontrará para a solução dos problemas a enfrentar, e inclusive pela própria descoberta e equacionamento desses problemas.

Em virtude dos dons naturais que lhe são próprios, a mulher pode enriquecer muito a vida civil. Isto salta à vista se nos detivermos no vasto campo da legislação familiar ou social. As qualidades femininas proporcionam a melhor garantia de que serão respeitados os autênticos valores humanos e cristãos, no momento de se tomarem medidas que de algum modo afetem a vida da família, o ambiente educativo, o futuro dos jovens.

Acabo de mencionar a importância dos valores cristãos para a solução dos problemas sociais e familiares, e quero sublinhar aqui a sua transcendência em toda a vida pública. Tal como no caso do homem, a fé cristã confere à mulher que tiver de se ocupar numa atividade política a responsabilidade de realizar um autêntico apostolado, quer dizer, um serviço cristão a toda a sociedade. Não se trata de representar oficial ou oficiosamente a Igreja na vida pública, e menos ainda de servir-se da Igreja para interesses de partido. Pelo contrário, trata-se de formar livremente as opiniões pessoais, em todos estes assuntos temporais em que os cristãos são livres, e de assumir a responsabilidade pessoal do seu pensamento e atuação, preservando sempre a coerência com a fé que se professa.

Na homilia que pronunciou em Pamplona[3] *no mês de outubro passado, durante a missa que celebrou por ocasião da Assembleia dos Amigos da Universidade de Navarra, o senhor falou do amor humano com palavras que nos comoveram. Muitas leitoras nos escreveram comentando a impressão que sentiram ao ouvi-lo falar assim. Poderia dizer-nos quais são os valores mais importantes do matrimônio cristão?*

Vou falar de uma coisa que conheço bem, e que é da minha experiência sacerdotal, já de muitos anos e em muitos países. A maior parte dos sócios do Opus Dei vive no estado matrimonial e, para eles, o amor humano e os deveres conjugais fazem parte da vocação divina. O Opus Dei fez do matrimônio um caminho divino, uma vocação; e isto tem muitas consequências para a

---

(3) Cf. págs. 177 e segs.

santificação pessoal e para o apostolado. Há quase quarenta anos que venho pregando o sentido vocacional do matrimônio. Que olhos cheios de luz vi mais de uma vez quando – julgando eles e elas incompatíveis na sua vida a entrega a Deus e um amor humano nobre e limpo – me ouviam dizer que o matrimônio é um caminho divino na terra!

O matrimônio existe para que aqueles que o contraem se santifiquem nele e santifiquem através dele: para isso os cônjuges têm uma graça especial, conferida pelo sacramento instituído por Jesus Cristo. Quem é chamado ao estado matrimonial encontra nesse estado – com a graça de Deus – tudo o que necessita para ser santo, para se identificar cada dia mais com Jesus Cristo e para levar ao Senhor as pessoas com quem convive.

Por isso penso sempre com esperança e com carinho nos lares cristãos, em todas as famílias que brotaram do Sacramento do Matrimônio, que são testemunhos luminosos desse grande mistério divino – *sacramentum magnum!* (Ef. V, 32), sacramento grande – da união e do amor entre Cristo e a sua Igreja. Devemos trabalhar para que essas células cristãs da sociedade nasçam e se desenvolvam com ânsia de santidade, com a consciência de que o sacramento inicial – o batismo – confere já a todos os cristãos uma missão divina, que cada um deve cumprir no seu próprio caminho.

Os esposos cristãos devem ter a consciência de que são chamados a santificar-se santificando, de que são chamados a ser apóstolos, e de que o seu primeiro apostolado está no lar. Devem compreender a obra sobrenatural que supõe a fundação de uma família, a educação dos filhos, a irradiação cristã na sociedade. Desta consciência da própria missão dependem, em grande parte, a eficácia e o êxito da sua vida: a sua felicidade.

Mas não esqueçam que o segredo da felicidade conjugal está no quotidiano, não em sonhos. Está em encontrar a alegria escondida de chegarem ao lar; no trato afetuoso com os filhos; no trabalho de todos os dias, em que toda a família colabora; no bom-humor perante as dificuldades, que é preciso enfrentar com espírito esportivo; e também no aproveitamento de todos os avanços que nos proporciona a civilização, para tornar a casa agradável, a vida mais simples, a formação mais eficaz.

Àqueles que foram chamados por Deus para formar um lar, digo constantemente que se amem sempre, que se amem com aquele amor entusiasmado que tinham quando eram noivos. Pobre conceito tem do matrimônio – que é um sacramento, um ideal e uma vocação – quem pensa que a alegria acaba quando começam as penas e os contratempos que a vida sempre traz consigo. Aí é que o amor se torna forte. As enxurradas das mágoas e das contrariedades não são capazes de afogar o verdadeiro amor: une mais o sacrifício generosamente partilhado. Como diz a Escritura, *aquae multae* – as muitas dificuldades, físicas e morais – *non potuerunt extinguere caritatem* (Cant. VIII, 7) – não poderão apagar o carinho.

Sabemos que esta sua doutrina sobre o matrimônio como caminho de santidade não é no-

vidade em sua pregação. Já em 1934, quando escreveu "Considerações espirituais", o senhor insistia em que era preciso ver o matrimônio como uma vocação. Mas nesse livro, e depois em "Caminho", o senhor escreveu também que "o matrimônio é para os soldados e não para o estado-maior de Cristo". Poderia explicar-nos como se conciliam estes dois aspectos?

92   No espírito e na vida do Opus Dei, não houve nunca impedimento algum para conciliar estes dois aspectos. Aliás, convém recordar que a maior excelência do celibato – por motivos espirituais – não é uma opinião teológica pessoal, mas sim doutrina de fé da Igreja.

Quando eu escrevi aquelas frases, lá pelos idos de 1930, havia no ambiente católico – na vida pastoral concreta – uma tendência para promover a busca da perfeição cristã entre os jovens fazendo-os apreciar apenas o valor sobrenatural da virgindade, e deixando na sombra o valor do matrimônio cristão como outro caminho de santidade.

Normalmente, nos centros de ensino, não se formava a juventude de maneira que ela apreciasse como merece a dignidade do matrimônio. Ainda hoje, nos retiros espirituais que costumam dar aos alunos dos últimos anos do Secundário, é frequente oferecerem-lhes mais elementos para considerarem a sua possível vocação religiosa do que o seu encaminhamento para o matrimônio, igualmente possível. E não faltam – embora sejam cada vez menos – os que depreciam a vida conjugal, configurando-a aos olhos dos jovens como algo que a Igreja simplesmente tolera, como se não permitisse aspirar seriamente à santidade.

No Opus Dei sempre temos procedido de outro modo e – deixando bem clara a razão de ser e a excelência do celibato apostólico – indicamos o matrimônio como *caminho divino* na terra.

A mim não me assusta o amor humano, o amor santo dos meus pais, de que o Senhor se valeu para me dar a vida. Esse amor, eu o abençoo com as duas mãos. Os cônjuges são os ministros e a própria matéria do sacramento do Matrimônio, como o pão e o vinho são a matéria da Eucaristia. Por isso gosto de todas as canções ao amor limpo dos homens, que são para mim *quadras de amor humano em estilo divino*. E, ao mesmo tempo, digo sempre que os que seguem o caminho vocacional do celibato apostólico não são *solteirões* que não compreendem ou não apreciam o amor; pelo contrário, a explicação de suas vidas está na realidade desse Amor divino – gosto de escrevê-lo com maiúscula – que é a própria essência de toda a vocação cristã.

Não há qualquer contradição entre ter este apreço pela vocação matrimonial e compreender a maior excelência da vocação para o celibato *propter regnum coelorum* (Mat. XIX, 12), por amor do reino dos céus. Estou convencido de que qualquer cristão que procure conhecer, aceitar e amar a doutrina da Igreja entenderá perfeitamente como estas duas coisas são compatíveis. E se também procurar conhecer, aceitar e amar a sua própria vocação pessoal. Quer dizer: se tiver fé e viver de fé.

Quando eu escrevi que o matrimônio é para os soldados, não fazia mais do que *descrever o que sucedeu sempre* na Igreja. Como sabem, os Bispos – que formam o Colégio Episcopal, cuja cabeça é o Papa, e que com ele governam toda a Igreja – são escolhidos dentre os que vivem o celibato. O mesmo acontece nas Igrejas orientais, onde se admitem os presbíteros casados. Além disso, é fácil compreender e verificar que os não casados têm, de fato, maior liberdade de coração e de movimentos para se dedicarem estavelmente a dirigir e a manter empreendimentos apostólicos, mesmo no apostolado dos leigos. Isto não quer dizer que os outros leigos não possam fazer ou não façam de fato um apostolado esplêndido e de primeira importância; quer dizer somente que há diversidade de funções, diversas dedicações em lugares de diferente responsabilidade.

Num exército – e era só isso o que a comparação pretendia exprimir –, os soldados são tão necessários quanto o estado-maior, e podem ser mais heroicos e merecer mais glória. Em resumo: há diversas tarefas e todas são importantes e dignas. O que sobretudo interessa é a correspondência de cada um à sua própria vocação. O mais perfeito para cada um – sempre e exclusivamente – é fazer a vontade de Deus.

Por isso, um cristão que procura santificar-se no estado matrimonial e é consciente da grandeza da sua própria vocação, sente espontaneamente uma especial veneração e um profundo afeto pelos que são chamados ao celibato apostólico; e, quando algum dos seus filhos, pela graça do Senhor, empreende esse caminho, alegra-se sinceramente. E acaba amando mais ainda a sua própria vocação matrimonial, que lhe permitiu oferecer a Jesus Cristo – o grande Amor de todos, solteiros ou casados – os frutos do amor humano.

Muitos casais veem-se desorientados a respeito do número de filhos, pelos conselhos que recebem, inclusive de alguns sacerdotes. Em presença de tanta confusão, o que aconselharia o senhor aos casais?

93 Os que perturbam dessa maneira as consciências esquecem que a vida é sagrada e tornam-se merecedores das duras censuras do Senhor contra os cegos que guiam outros cegos, contra os que não querem entrar no Reino dos Céus e também não deixam entrar os outros. Não julgo as intenções deles e até estou certo de que muitos dão tais conselhos guiados pela compaixão e pelo desejo de solucionar situações difíceis; mas não posso ocultar o profundo desgosto que me causa esse trabalho destruidor – em muitos casos, diabólico – de quem não só não dá boa doutrina, mas também a corrompe.

Não esqueçam os esposos, ao ouvirem conselhos e recomendações nessa matéria, que o que importa é conhecer o que Deus quer. Quando há sinceridade – retidão – e um mínimo de formação cristã, a consciência sabe descobrir a vontade de Deus, nisto como em tudo o mais. Porque pode suceder que se esteja procurando um conselho que favoreça o próprio egoísmo, que silencie precisamente com a sua pretensa autoridade o clamor da própria alma e, inclusive, que se vá mudando de conselheiro, até achar o mais *benévolo*. Além do mais, isto é uma atitude farisaica, indigna de um filho de Deus.

O conselho de outro cristão, e especialmente – em questões morais ou de fé – o conselho do sacerdote, é uma ajuda poderosa para reconhecer o que Deus nos pede numa circunstância determinada; mas o conselho não elimina a responsabilidade pessoal. Cada um de nós é que tem de decidir em última análise, e é pessoalmente que havemos de dar contas a Deus das nossas decisões.

Acima dos conselhos privados está a lei de Deus contida na Sagrada Escritura e que o Magistério da Igreja – assistido pelo Espírito Santo – guarda e propõe. Quando os conselhos particulares contradizem a Palavra de Deus tal como o Magistério a ensina, temos de afastar-nos decididamente desses conselhos errôneos. A quem proceder com esta retidão, Deus ajudará com a sua graça, inspirando-lhe o que deve fazer e, quando o necessitar, levando-o a encontrar um sacerdote que saiba conduzir a sua alma por caminhos retos e limpos, ainda que algumas vezes sejam difíceis.

O exercício da direção espiritual não deve orientar-se no sentido de fabricar criaturas carentes de juízo próprio, que se limitem a executar materialmente o que outrem lhes disse; pelo contrário, a direção espiritual deve tender a formar pessoas de critério. E o critério implica maturidade, firmeza de convicções, conhecimento suficiente da doutrina, delicadeza de espírito, educação da vontade.

É importante que os esposos adquiram o sentido

claro da dignidade da sua vocação, sabendo que foram chamados por Deus para atingir também o amor divino através do amor humano: que foram escolhidos, desde a eternidade, para cooperar com o poder criador de Deus, pela procriação e depois pela educação dos filhos; que o Senhor lhes pede que façam, do seu lar e da vida familiar inteira, um testemunho de todas as virtudes cristãs.

O matrimônio – nunca me cansarei de repeti-lo – é um caminho divino, grande e maravilhoso, e, como tudo o que é divino em nós, tem manifestações concretas de correspondência à graça, de generosidade, de entrega, de serviço. O egoísmo, em qualquer das suas formas, opõe-se a esse amor de Deus que deve imperar na nossa vida. Este é um ponto fundamental que cumpre ter muito presente ao considerar o matrimônio e o número de filhos.

> *Há mulheres que, tendo já bastantes filhos, não se atrevem a comunicar a chegada de mais um a seus parentes e amigos. Temem as críticas daqueles que, sabendo existir a "pílula", pensam que a família numerosa é um atraso. Evidentemente, nas circunstâncias atuais, pode-se tornar difícil manter uma família com muitos filhos. Que nos pode dizer sobre isto?*

Abençoo os pais que, recebendo com alegria a missão que Deus lhes confia, têm muitos filhos. Convido os casais a não estancarem as fontes da vida, a terem

94

senso sobrenatural e coragem para manter uma família numerosa, se Deus a envia.

Quando louvo a família numerosa, não me refiro àquela que é consequência de relações meramente fisiológicas, mas à que é fruto do exercício das virtudes cristãs, que tem um alto sentido da dignidade da pessoa e sabe que dar filhos a Deus não consiste só em gerá-los para a vida natural, mas exige também uma longa tarefa educadora: dar-lhes a vida é a primeira coisa, mas não é tudo.

Pode haver casos concretos em que a vontade de Deus – manifestada pelos meios ordinários – esteja precisamente em que uma família seja pequena. Mas são criminosas, anticristãs e infra-humanas as teorias que fazem da limitação da natalidade um ideal ou um dever universal ou simplesmente geral.

Querer apoiar-se num pretenso espírito pós-conciliar para ir contra a família numerosa seria adulterar e perverter a doutrina cristã. O Concílio Vaticano II proclamou que "entre os cônjuges, que assim cumprem a missão que lhes foi confiada por Deus, são dignos de menção muito especial os que, de comum acordo e refletidamente, se decidem com magnanimidade a aceitar e a educar dignamente uma prole numerosa" (Const. past. *Gaudium et Spes*, n.º 50). E Paulo VI, numa alocução pronunciada em 12 de fevereiro de 1966, comentava: *Que o Concílio Vaticano II, recentemente concluído, difunda entre os esposos cristãos o espírito de generosidade para dilatarem o novo Povo de Deus... Recordem sempre que essa dilatação do Reino de Deus e as possibilidades de penetração da*

Igreja na humanidade para levar a salvação – a eterna e a terrena – estão confiadas também à sua generosidade.

O número, por si só, não é decisivo: ter muitos ou poucos filhos não é suficiente para que uma família seja mais ou menos cristã. O que importa é a retidão com que se vive a vida matrimonial. O verdadeiro amor mútuo transcende a comunidade de marido e mulher e estende-se aos seus frutos naturais, os filhos. O egoísmo, pelo contrário, acaba rebaixando esse amor à simples satisfação do instinto e destrói a relação que une pais e filhos. Dificilmente haverá quem se sinta bom filho – verdadeiro filho – de seus pais, se puder vir a pensar que veio ao mundo contra a vontade deles: que não nasceu de um amor limpo, mas de uma imprevisão ou de um erro de cálculo.

Dizia eu que, por si só, o número de filhos não é determinante. Contudo, vejo com clareza que os ataques às famílias numerosas provêm da falta de fé; são produto de um ambiente social incapaz de compreender a generosidade, um ambiente que tende a encobrir o egoísmo e certas práticas inconfessáveis com motivos aparentemente altruístas. Dá-se o paradoxo de que os países onde se faz mais propaganda do controle da natalidade – e a partir dos quais se impõe a sua prática a outros países – são precisamente aqueles que atingiram um nível de vida mais elevado. Talvez se pudessem tomar a sério os seus argumentos de caráter econômico e social, se esses mesmos argumentos os movessem a renunciar a uma parte dos bens opulentos de que gozam, a favor dessas pessoas necessitadas. Enquanto não o fizerem, torna-se difícil não pensar que, na realidade, o que determina esses argumentos é o hedonismo e uma ambição de domínio político e de neocolonialismo demográfico.

Não ignoro os grandes problemas que afligem a humanidade, nem as dificuldades concretas com que pode deparar-se uma família determinada. Penso nisto com frequência e enche-se de piedade o meu coração de pai que, como cristão e como sacerdote, tenho obrigação de ter. Mas não é lícito procurar a solução por esses caminhos.

95 Não compreendo que haja católicos – e muito menos sacerdotes – que há anos, com tranquilidade de consciência, aconselhem o uso da pílula para evitar a concepção, porque não se podem desconhecer, com uma triste sem-cerimônia, os ensinamentos pontifícios. Nem devem alegar – como fazem com incrível leviandade – que o Papa, quando não fala *ex cathedra*, é um simples *doutor privado* sujeito a erro. É já arrogância desmedida julgarem que o Papa se engana e eles não.

Mas esquecem, além disso, que o Romano Pontífice não é só doutor – infalível quando expressamente o declara –, mas também o Supremo Legislador. E, neste caso, o que o atual Pontífice Paulo VI dispôs de maneira inequívoca foi que, em assunto tão delicado, devem ser seguidas obrigatoriamente – porque continuam de pé – todas as disposições do Santo Pontífice Pio XII, de veneranda memória; e que Pio XII só permitiu alguns processos naturais – não a pílula – para evitar a concepção em casos isolados e difíceis. Aconselhar o contrário é, portanto, uma desobediência grave ao Santo Padre, em matéria grave.

Poderia escrever um grosso volume sobre as consequências desastrosas e de toda a ordem que arrasta consigo o uso desses ou de outros meios contra a concepção: destruição do amor conjugal – o marido e a mulher não se olham como esposos, mas como cúmplices –, infelicidade, infidelidades, desequilíbrios espirituais e mentais, prejuízos sem conta para os filhos, perda da paz matrimonial... Mas não o considero necessário. Prefiro limitar-me a obedecer ao Papa. Se alguma vez o Sumo Pontífice dissesse que o uso de um determinado medicamento para evitar a concepção era lícito, eu me acomodaria a tudo o que o Santo Padre dissesse e, segundo as normas pontifícias e as da teologia moral, examinando em cada caso os perigos evidentes a que acabo de aludir, daria a cada um, em consciência, o meu conselho.

E havia de ter sempre em conta que quem há de salvar este mundo não são os que pretendem narcotizar a vida do espírito e reduzir tudo a questões econômicas ou de bem-estar material: são os que sabem que a norma moral está em função do destino eterno do homem; os que têm fé em Deus e arrostam generosamente com as exigências dessa fé, difundindo entre aqueles que os rodeiam o sentido transcendente da nossa vida na terra.

É esta certeza que deve levar, não a fomentar a evasão, mas a procurar com eficácia que todos tenham os meios materiais convenientes, que haja trabalho para todos, que ninguém se encontre injustamente limitado na sua vida familiar e social.

A infecundidade matrimonial – pelo que pode implicar de frustração – é fonte, por vezes, de desavenças e incompreensões. Qual é, em sua opinião, o sentido que devem dar ao matrimônio os esposos cristãos que não têm descendência?

96   Em primeiro lugar, eu lhes direi que não devem dar-se por vencidos com demasiada facilidade. É preciso pedir a Deus que lhes conceda descendência, que os abençoe – se for essa a sua vontade – como abençoou os patriarcas do Antigo Testamento. Depois, é conveniente que recorram a um bom médico, elas e eles. Se, apesar de tudo, o Senhor não lhes der filhos, não devem ver nisso nenhuma frustração; devem ficar satisfeitos – descobrindo nesse fato precisamente a Vontade de Deus em relação a eles. Muitas vezes, o Senhor não dá filhos porque *pede mais*. Pede que se tenha o mesmo esforço e a mesma entrega delicada ajudando o próximo, sem o júbilo bem humano de ter filhos. Não há, pois, motivo para se sentirem fracassados nem para cederem à tristeza.

Se os esposos têm vida interior, compreenderão que Deus os insta, impelindo-os a fazer da sua vida um generoso serviço cristão, um apostolado diferente do que realizariam com os seus filhos, mas igualmente maravilhoso.

Se olham à sua volta, descobrirão imediatamente pessoas que necessitam de ajuda, de caridade e de carinho. Há, além disso, ocupações apostólicas em que podem trabalhar. E se souberem pôr o coração nessa tarefa, se souberem dar-se generosamente aos outros, esquecendo-se de si próprios, terão uma fecundidade esplêndida, uma paternidade espiritual que encherá a sua alma de verdadeira paz.

As soluções concretas podem ser diferentes em cada caso; mas, no fundo, todas se reduzem a ocupar-se dos outros com afãs de servir, com amor. Deus recompensa sempre aqueles que têm a generosa humildade de não pensarem em si mesmos, dando às suas almas uma profunda alegria.

Há casais em que a mulher – por qualquer razão – se encontra separada do marido, em situações degradantes e insustentáveis. Nesses casos, torna-se difícil para ela aceitar a indissolubilidade do vínculo matrimonial. Estas mulheres separadas do marido lamentam que lhes seja negada a possibilidade de construir um novo lar. Que resposta daria a estas situações?

97 Compreendendo o seu sofrimento, diria eu a essas mulheres que também podem ver nessa situação a Vontade de Deus, que nunca é cruel, porque Deus é Pai amoroso. É possível que por algum tempo a situação seja especialmente difícil; mas, se recorrerem ao Senhor e à sua Mãe bendita, não lhes faltará a ajuda da graça.

A indissolubilidade do matrimônio não é um capricho da Igreja e nem sequer uma mera lei positiva eclesiástica; é de lei natural, de direito divino, e corresponde perfeitamente à nossa natureza e à ordem sobrenatural da graça. Por isso, na imensa maioria dos casos, é condição indispensável de felicidade para os cônjuges, e de segurança, mesmo espiritual, para os filhos. E – inclusive nesses casos dolorosos de que falamos – a aceitação rendida da Vontade de Deus traz sempre consigo uma profunda satisfação, que nada pode substituir. Não é um recurso, não é uma simples consolação; é a essência da vida cristã.

Se essas mulheres já têm filhos a seu cargo, devem ver nisso uma exigência contínua de entrega amorosa, maternal, aí especialmente necessária para suprir nessas almas as deficiências de um lar dividido. E devem entender generosamente que essa indissolubilidade, que para elas implica sacrifício, é para a maior parte das famílias uma defesa da sua integridade, algo que enobrece o amor dos esposos e impede o desamparo dos filhos.

Este assombro em face da aparente dureza do preceito cristão da indissolubilidade não é novo. Os Apóstolos estranharam quando Jesus o confirmou. Pode parecer uma carga, um jugo; mas o próprio Cristo disse que o seu jugo é suave e a sua carga leve.

Por outro lado, reconhecendo muito embora a inevitável dureza de bastantes situações – situações que em não poucos casos, poderiam e deveriam ter sido evitadas –, é necessário não dramatizar demasiado. A vida de uma mulher nessas condições será realmente mais dura do que a de outra mulher maltratada, ou do que a vida de quem padece algum dos outros grandes sofrimentos físicos ou morais que a existência traz consigo?

O que verdadeiramente torna uma pessoa infeliz –

e até uma sociedade inteira – é essa busca ansiosa de bem-estar. A vida apresenta mil facetas, situações diversíssimas, umas árduas, outras fáceis, talvez apenas na aparência. Cada uma delas tem a sua própria graça, é um chamado original de Deus, uma ocasião inédita para trabalhar, para dar o testemunho divino da caridade. A quem sentir a angústia de uma situação difícil, eu aconselharia que procurasse também esquecer-se um pouco dos seus próprios problemas, para se preocupar com os problemas dos outros. Fazendo isto, terá mais paz e, sobretudo, santificar-se-á.

> *Um dos bens fundamentais da família está em gozar de uma paz familiar estável. Contudo, infelizmente, não é raro que, por motivos de caráter político ou social, uma família se encontre dividida. Em sua opinião, como podem ser superados esses conflitos?*

A minha resposta não pode ser senão uma: conviver, compreender, desculpar. O fato de alguém não pensar como eu – especialmente quando se trata de coisas que são objeto da liberdade de opinião – não justifica de modo algum uma atitude de inimizade pessoal, nem sequer de frieza ou indiferença. A minha fé cristã me diz que é necessário viver a caridade com todos, inclusive com aqueles que não têm a graça de crer em Jesus Cristo. Imaginem então se não é para viver a caridade quando, unidos pelo mesmo sangue e pela mesma fé, há divergências em coisas opináveis! Mais ainda: como nesses terrenos ninguém pode pretender estar na posse da verdade absoluta, o convívio, cheio de afeto, é um meio concreto de aprender dos outros o que eles nos podem ensinar; e também de que os outros aprendam, se quiserem, o que cada um dos que com eles convivem lhes pode ensinar, que sempre será alguma coisa.

Não é cristão, nem sequer humano, dividir-se uma família por estas questões. Quando se compreende a fundo o valor da liberdade, quando se ama apaixonadamente esse dom divino da alma, *ama-se o pluralismo que a liberdade traz consigo.*

Vou dar o exemplo do que se vive no Opus Dei, que é uma grande família de pessoas unidas pelo mesmo fim espiritual. No que não é de fé, cada um pensa e atua como quer, com a liberdade e a responsabilidade pessoal mais completa. E o pluralismo que, lógica e sociologicamente, deriva deste fato, não constitui nenhum problema para a Obra. Mais ainda: esse pluralismo é uma manifestação de bom espírito. Precisamente porque o pluralismo não é temido, mas amado como legítima consequência da liberdade pessoal, as diversas opiniões dos sócios não impedem no Opus Dei a máxima caridade no convívio, a compreensão mútua. Liberdade e caridade: estamos falando sempre do mesmo. E são, de fato, condições essenciais: viver com a liberdade que Jesus Cristo nos ganhou; viver a caridade que Ele nos deu como mandamento novo.

Acaba de falar da unidade familiar como de um grande valor. Isto me leva a fazer outra per-

gunta: como é que o Opus Dei não organiza atividades de formação espiritual onde participem juntamente marido e mulher?

Nisto, como em tantas outras coisas, nós, os cristãos, temos a possibilidade de escolher entre várias soluções, de acordo com as preferências ou opiniões próprias, sem que ninguém possa pretender impor-nos um sistema único. É preciso fugir – como da peste – dessa maneira de conceber a pastoral, e em geral o apostolado, que não parece senão uma nova edição, corrigida e aumentada, do partido único na vida religiosa.

Sei que há grupos católicos que organizam retiros espirituais e outras atividades formativas para casais. Parece-me muitíssimo bem que, usando da sua liberdade, façam o que consideram conveniente e que tomem parte nessas atividades os que nelas encontram um meio capaz de os ajudar a viver melhor a sua vocação cristã. Mas acho que não é essa a única possibilidade; e nem sequer é evidente que seja a melhor.

Há muitas facetas da vida eclesial que os casais, e inclusive toda a família, podem e às vezes devem viver juntos: assim, por exemplo, a participação no Sacrifício Eucarístico e em outros atos do culto. No entanto, penso que determinadas atividades de formação espiritual são mais eficazes se a elas forem separadamente o marido e a mulher. Por um lado, realça-se assim o caráter fundamentalmente pessoal da própria santificação, da luta ascética, da união com Deus, que reverterá a favor dos outros, mas onde a consciência de cada um não pode ser substituída. Por outro lado, assim é mais fácil adequar a formação às exigências e às necessidades pessoais de cada um, e mesmo à sua própria psicologia. Isto não significa que, nessas atividades, se prescinda do estado matrimonial dos assistentes – nada mais distante do espírito do Opus Dei.

Há quarenta anos que venho dizendo, de palavra e por escrito, que cada homem, cada mulher, tem de santificar-se na sua vida ordinária, nas condições concretas da sua existência cotidiana; que, por conseguinte, os esposos têm de santificar-se vivendo com perfeição as suas obrigações familiares. Nos retiros espirituais e em outros meios de formação que o Opus Dei organiza e a que assistem pessoas casadas, procura-se sempre que os esposos tomem consciência da dignidade da sua vocação matrimonial e que, com a ajuda de Deus, se preparem para vivê-la melhor.

Em muitos aspectos, as exigências e as manifestações práticas do amor conjugal são diferentes para o homem e para a mulher. Com meios de formação específicos, pode-se ajudar cada um a descobri-las eficazmente na realidade da sua vida; de modo que essa separação, de umas horas ou uns dias, fá-los estar mais unidos e amarem-se mais e melhor o resto do tempo: aliás, com um amor cheio de respeito.

Repito que nisto não pretendemos sequer que o nosso modo de proceder seja o único bom ou que todo o mundo o deva adotar. Simplesmente, parece-me que dá muito bons resultados e que há razões sólidas – além de uma longa experiência – para proceder assim; mas não ataco a opinião contrária.

Além disso, devo dizer que, se no Opus Dei seguimos este critério para determinadas iniciativas de formação espiritual, em variadíssimas atividades de outro gênero os casais participam e colaboram como tais. Penso, por exemplo, no trabalho que se faz com os pais dos alunos em colégios dirigidos por sócios do Opus Dei; nas reuniões, conferências, tríduos, etc., especialmente dedicados aos pais dos estudantes que moram em residências dirigidas pela Obra.

Como vê, quando a natureza da atividade requer a presença do casal, são marido e mulher quem participa nesses trabalhos. Mas este tipo de reuniões e iniciativas é diferente das que visam diretamente a formação espiritual pessoal.

Prosseguindo com a vida familiar, queria agora centrar a minha pergunta na educação dos filhos e nas relações entre pais e filhos. De vez em quando, a alteração da situação familiar de nossos dias faz com que não seja fácil o entendimento mútuo, chegando a produzir inclusive a incompreensão, verificando-se aquilo que se tem chamado conflito de gerações. Como se pode superar isto?

O problema é antigo, ainda que talvez agora se apresente com mais frequência ou de forma mais aguda, por causa da rápida evolução que caracteriza a sociedade atual. É perfeitamente compreensível e natural que os jovens e os adultos vejam as coisas de modo diferente. Sempre foi assim. O mais surpreendente seria que um adolescente pensasse da mesma maneira que uma pessoa madura. Todos sentimos impulsos de rebeldia para com os mais velhos quando começamos a formar o nosso critério com autonomia; e todos também, com o passar dos anos, compreendemos que os nossos pais tinham razão em muitas coisas, que eram fruto da sua experiência e do seu amor por nós. Por isso, compete em primeiro lugar aos pais – que já passaram por esse transe – facilitar o entendimento: com flexibilidade, com espírito jovial, evitando esses possíveis conflitos com amor inteligente.

Sempre aconselho aos pais que procurem tornar-se amigos dos filhos. Pode-se harmonizar perfeitamente a autoridade paterna, requerida pela própria educação, com um sentimento de amizade, que exige colocar-se de alguma maneira no mesmo nível dos filhos. Os moços – mesmo os que parecem mais rebeldes e desabridos – desejam sempre essa aproximação, essa fraternidade com os pais. O segredo costuma estar na confiança: saibam os pais educar num clima de familiaridade; não deem nunca a impressão de que desconfiam; deem liberdade e ensinem a administrá-la com responsabilidade pessoal. É preferível que se deixem enganar uma vez ou outra: a confiança que se deposita nos filhos faz com que estes se envergonhem de haver abusado e se corrijam; em contrapartida, se não têm liberdade, se veem que não confiam neles, sentir-se-ão com vontade de enganar sempre.

Essa amizade de que estou falando, esse saber colocar-se no nível dos filhos, facilitando-lhes que falem confiadamente dos seus pequenos problemas, torna possível algo que me parece de grande importância: que sejam os pais quem dê a conhecer aos filhos a origem da vida: de um modo gradual, amoldando-se à sua mentalidade e à sua capacidade de compreender, antecipando-se um pouco à sua natural curiosidade. É necessário evitar que os filhos rodeiem de malícia esta matéria, que aprendam uma coisa que em si é nobre e santa através de uma má confidência de um amigo ou de uma amiga. Aliás, isto costuma ser um passo importante para firmar a amizade entre pais e filhos, impedindo uma separação exatamente no despertar da vida moral.

Por outro lado, os pais têm também que procurar manter o coração jovem, para lhes ser mais fácil acolher com simpatia as aspirações nobres e inclusive as extravagâncias dos filhos. A vida muda e há muitas coisas novas que talvez não nos agradem – é mesmo possível que não sejam objetivamente melhores que outras de antes –, mas que não são ruins: são simplesmente outros modos de viver, sem maior transcendência. Em não poucas ocasiões, os conflitos aparecem porque se dá importância a ninharias que se superam com um pouco de perspectiva e senso de humor.

Mas nem tudo depende dos pais. Os filhos também têm que fazer alguma coisa da sua parte. A juventude sempre teve uma grande capacidade de entusiasmo por todas as coisas grandes, pelos ideais elevados, por tudo o que é autêntico. Convém ajudá-los a compreender a beleza despretensiosa – por vezes calada e sempre revestida de naturalidade – que há na vida de seus pais. Que reparem, sem lhes causar tristeza, no sacrifício que fizeram por eles, na sua abnegação – muitas vezes heroica – para manterem a família. Aprendam também os filhos a não dramatizar, a não representar o papel de incompreendidos. Não esqueçam que estarão sempre em dívida com os pais e que o modo de corresponderem – já que não podem pagar o que devem – deve ser feito de veneração, de carinho grato, filial.

Sejamos sinceros: a família unida é o normal. Há atritos, diferenças. Mas isto são coisas banais que, até certo ponto, contribuem inclusive para dar sabor aos nossos dias. São insignificâncias que o tempo supera sempre. Depois só fica o estável, que é o amor, um amor verdadeiro – feito de sacrifício – e nunca fingido, que os leva a se preocuparem uns com os outros, a adivinhar um pequeno problema e a sua solução mais delicada. E porque tudo isto é normal, a maior parte das pessoas me entendeu muito bem quando me ouviu chamar *dulcíssimo preceito* – já o venho repetindo desde a década de 20 – ao quarto mandamento do Decálogo.

Talvez como reação contra uma educação religiosa coativa, reduzida às vezes a uma série de práticas rotineiras e sentimentais, uma parte da juventude de hoje prescinde quase totalmente da piedade cristã, porque a interpreta como "beatice". Na sua opinião, qual é a solução para esse problema?

102   A solução é a que está já implícita na pergunta: ensinar – primeiro com o exemplo e depois com a palavra – em que consiste a verdadeira piedade. A beatice não é mais do que uma triste caricatura pseudo-espiri-

tual, geralmente fruto da falta de doutrina e também de uma certa deformação do humano. É lógico que repugne a quem ama o que é autêntico e sincero.

Tenho visto com alegria como a piedade cristã penetra nos moços – nos de hoje como nos de há quarenta anos – quando a contemplam feita vida sincera; quando entendem que estar em oração é falar com o Senhor como quem fala com um pai, com um amigo, sem anonimato, com um trato pessoal, numa conversa íntima; quando se procura que ressoem em suas almas aquelas palavras de Jesus Cristo, que são um convite ao encontro confiante: *Vos autem dixi amicos* (Jo. XV, 15), eu vos chamei amigos; quando se faz um apelo forte à sua fé para que vejam que o Senhor é o mesmo *ontem, hoje e sempre* (Hebr. XIII, 8).

Por outro lado, é necessário que vejam como essa piedade ingênua e cordial exige também o exercício das virtudes humanas e que não se pode reduzir a uns tantos atos de devoção semanais ou diários, antes deve penetrar na vida inteira: dando sentido ao trabalho, ao descanso, à amizade, à diversão, a tudo. Não podemos ser filhos de Deus só de vez em quando, embora haja alguns momentos especialmente dedicados a considerá-lo, a compenetrarmo-nos desse sentido da nossa filiação divina que é a essência da piedade.

Disse há pouco que a juventude entende tudo isto muito bem. E agora acrescento que quem procura vivê-lo sente-se sempre jovem. O cristão, mesmo que seja um velho de oitenta anos, ao viver em união com Jesus Cristo, pode saborear com toda a verdade as palavras que se rezam ao pé do altar: *Subirei ao altar de*

Deus, do Deus que alegra a minha juventude (Salmo XVII, 4).

Então o senhor acha importante educar os filhos desde pequenos na vida de piedade? Pensa que na família se devem realizar alguns atos de piedade?

103   Considero que é precisamente o melhor caminho para dar aos filhos uma autêntica formação cristã. A Sagrada Escritura nos fala dessas famílias dos primeiros cristãos – a *Igreja doméstica,* diz São Paulo (1 Cor. XVI, 19) –, às quais a luz do Evangelho dava novo impulso e nova vida.

Em todos os ambientes cristãos se conhecem por experiência os bons resultados que dá essa natural iniciação na vida de piedade, feita no calor do lar. A criança aprende a colocar o Senhor na linha dos primeiros afetos fundamentais, aprende a tratar a Deus como Pai e a Virgem Maria como Mãe; aprende a rezar seguindo o exemplo dos pais. Quando se compreende isto, vê-se a enorme tarefa apostólica que os pais podem realizar e como têm obrigação de ser sinceramente piedosos, para poderem transmitir – mais do que ensinar – essa piedade aos filhos.

E os meios? Há práticas de piedade – poucas, breves e habituais – que sempre se viveram nas famílias cristãs, e entendo que são maravilhosas: a bênção da mesa, a recitação do terço em conjunto – apesar de não faltar, nestes tempos, quem ataque essa solidíssima devoção mariana –, as orações pessoais ao levantar e ao deitar. Tratar-se-á de costumes diversos conforme os lugares; mas penso que sempre se deve fomentar algum ato de piedade, realizado conjuntamente pelos membros da família, de forma simples e natural, sem beatices.

Dessa maneira conseguiremos que Deus não seja considerado um estranho, a quem se vai ver uma vez por semana na igreja, ao domingo. Que Deus seja visto e tratado como é na realidade, também no seio do lar, porque, como disse o Senhor, *onde estão dois ou três reunidos em meu nome, aí estou eu no meio deles* (Mat. XVIII, 20).

Digo, com gratidão e com orgulho de filho, que continuo rezando – de manhã e à noite, e em voz alta – as orações que aprendi quando era criança, dos lábios de minha mãe. Essas orações levam-me a Deus, fazem-me sentir o carinho com que me ensinaram a dar os meus primeiros passos de cristão; e, oferecendo ao Senhor o dia que começa ou dando-Lhe graças pelo que acaba, peço a Deus que aumente na glória a felicidade dos que amo especialmente, e depois nos mantenha unidos para sempre no Céu.

Continuemos, se não se importa, com a juventude. Através da secção "Gente moça" da nossa revista, chegam-nos muitos dos seus problemas. Um, muito frequente, é a imposição que às vezes os pais fazem no momento de determinar a orientação dos filhos. Isto sucede tanto na orientação relativa ao curso ou profissão, como na escolha de noivo ou, mais ainda, se se pretende seguir o chamado de Deus para uma dedicação ao serviço das almas. Haverá alguma justificação para essa atitude dos pais? Não será uma violação da liberdade, imprescindível para chegar à maturidade pessoal?

104   Em última instância, é claro que as decisões determinantes do rumo de uma vida, cada um deve tomá-las pessoalmente: com liberdade, sem coação nem pressão de espécie alguma.

Isto não significa que ordinariamente não seja necessária a intervenção de outras pessoas. Precisamente porque são passos decisivos que afetam a vida inteira e porque a felicidade depende em grande parte de como se deem, é lógico que requeiram serenidade, que se evite a precipitação, que exijam responsabilidade e prudência. E uma parte da prudência consiste precisamente em pedir conselho. Seria presunção – que se costuma pagar caro – pensar que podemos decidir sem a graça de Deus e sem o calor e a luz de outras pessoas, especialmente dos nossos pais.

Os pais podem e devem prestar aos filhos uma ajuda preciosa, descobrindo-lhes novos horizontes, comunicando-lhes a sua experiência, fazendo-os refletir, para que não se deixem arrastar por estados emocionais passageiros, oferecendo-lhes uma apreciação realista das coisas. Umas vezes, prestarão essa ajuda com o seu conselho pessoal; outras, animando os filhos a recorrerem a outras pessoas competentes: a um amigo sincero e leal, a um sacerdote douto e piedoso, a um perito em orientação profissional.

Mas o conselho não tira a liberdade: dá elementos de opinião; e isso amplia as possibilidades de escolha e faz com que a decisão não seja determinada por fatores irracionais. Depois de se haver escutado os pareceres de outros e de se haver ponderado tudo bem, chega um momento em que é preciso escolher; nessa altura, ninguém tem o direito de violar a liberdade. Os pais devem precaver-se contra a tentação de quererem projetar-se indevidamente nos filhos – de construí-los segundo as suas próprias preferências –; devem respeitar as inclinações e as aptidões que Deus dá a cada um. Se há verdadeiro amor, isto, em geral, torna-se simples. Inclusive no caso extremo, quando o filho toma uma decisão que os pais têm fortes motivos para julgar errada e até para prever nela a origem de uma infelicidade, a solução não está na violência, mas em compreender; e – mais de uma vez – em saber permanecer ao lado dele, a fim de ajudá-lo a superar as dificuldades e, se necessário, ajudá-lo a extrair desse mal todo o bem possível.

Os pais que amam deveras e procuram sinceramente o bem de seus filhos, depois dos conselhos e das considerações oportunas, devem retirar-se com delicadeza para que nada prejudique o grande bem da liberdade, que torna o homem capaz de amar e servir a Deus. Devem lembrar-se de que o próprio Deus quer ser amado e servido com liberdade, e respeita as nossas decisões pessoais: "Deus deixou o homem – diz a Escritura – nas mãos do seu livre-arbítrio" (Ecles. XV, 14).

Umas palavras mais para me referir expressamente

ao último dos casos concretos expostos: a decisão de dedicar-se ao serviço da Igreja e das almas. Quando pais católicos não compreendem essa vocação, penso que malograram na sua missão de formar uma família cristã; que nem sequer são conscientes da dignidade que o cristianismo dá à sua própria vocação matrimonial. Além do mais, a experiência que tenho no Opus Dei é muito positiva. Costumo dizer aos sócios da Obra que eles devem noventa por cento da sua vocação a seus pais, porque souberam educá-los e os ensinaram a ser generosos. Posso garantir que na imensa maioria dos casos – praticamente na totalidade – os pais não só respeitam mas também amam essa decisão dos filhos, passando a ver a Obra como uma ampliação da sua família. É uma das minhas grandes alegrias e uma confirmação mais de que, para sermos muito divinos, temos de ser também muito humanos.

Atualmente, há quem defenda a teoria de que o amor justifica tudo, chegando à conclusão de que o noivado é como um "matrimônio em experiência". Pensam que é inautêntico e retrógrado não seguir o que consideram imperativos do amor. O que acha desta atitude?

105   Acho o que deve achar uma pessoa honesta e, especialmente, um cristão: que é uma atitude indigna do homem e que degrada o amor humano, confundindo-o com o egoísmo e com o prazer.

Retrógrados, os que não pensam ou não procedem dessa maneira? Retrógrado é antes quem retrocede até à selva, não reconhecendo outro impulso além do instinto. O noivado deve ser uma ocasião para aprofundar o afeto e o conhecimento mútuo. E como toda a escola de amor, deve estar inspirado não pela ânsia de posse, mas pelo espírito de entrega, de compreensão, de respeito, de delicadeza. Por isso, há pouco mais de um ano, quis oferecer à Universidade de Navarra uma imagem de Santa Maria, Mãe do Amor Formoso, para que os rapazes e moças que frequentam aquelas Faculdades aprendessem dEla a nobreza do amor – do amor humano também.

Matrimônio em experiência? Sabe tão pouco de amor quem fala assim! O amor é uma realidade mais segura, mais real, mais humana: algo que não se pode tratar como um produto comercial, que se experimenta e depois se aceita ou se joga fora, conforme o capricho, a comodidade ou o interesse.

Essa falta de critério é tão lamentável que nem sequer parece necessário condenar quem pensa ou procede assim: porque eles mesmos se condenam à infecundidade, à tristeza, a um afastamento desolador, que padecerão logo que passem alguns anos. Não posso deixar de rezar muito por eles, de amá-los com toda a minha alma e tratar de fazê-los compreender que continuam a ter aberto o caminho do regresso a Jesus Cristo; e que, se se empenharem a sério, poderão ser santos, cristãos íntegros, pois não lhes faltará nem o perdão nem a graça do Senhor. Só então compreenderão bem o que é o amor: o Amor divino e também o amor humano nobre; e saberão o que é a paz, a alegria, a fecundidade.

Um grande problema feminino é o das mulheres solteiras. Referimo-nos àquelas que, embora com vocação matrimonial, não chegam a casar-se. Como não o conseguem, perguntam-se: para que estamos nós no mundo? Que lhes responderia?

106   Para que estamos no mundo? Para amar a Deus com todo o nosso coração e com toda a nossa alma, e para estender esse amor a todas as criaturas. Ou será que isto parece pouco? Deus não deixa nenhuma alma abandonada a um destino cego; para todas tem um desígnio, a todas chama com uma vocação pessoalíssima, intransferível.

O matrimônio é caminho divino, é vocação. Mas não é o único caminho, nem a única vocação. Os planos de Deus para cada mulher não estão necessariamente ligados ao matrimônio. Têm vocação e não chegam a casar-se? Em algum caso, talvez seja assim; ou, quem sabe, talvez tenha sido o egoísmo ou o amor próprio que impediu que esse chamado de Deus se cumprisse. Mas outras vezes, a maioria mesmo, isso pode ser um sinal de que o Senhor não lhes deu vocação matrimonial.

Sim, gostam de crianças, sentem que seriam boas mães, que entregariam seu coração fielmente ao marido e aos filhos. Mas isso é normal em todas as mulheres, também naquelas que, por vocação divina, não se casam – podendo fazê-lo –, para se ocuparem no serviço de Deus e das almas.

Não se casaram. Pois bem: que continuem, como

até agora, amando a vontade de Deus, vivendo na intimidade desse Coração amabilíssimo de Jesus, que não abandona ninguém, que é sempre fiel, que vai olhando por nós ao longo desta vida, para se dar a nós desde agora e para sempre.

Além disso, a mulher pode cumprir a sua missão – como mulher, com todas as suas características femininas, incluindo as características afetivas da maternidade – em círculos diferentes da própria família: em outras famílias, na escola, em obras assistenciais, em mil lugares. A sociedade é, às vezes, muito dura – com grande injustiça – para com aquelas a quem chama solteironas. Mas há mulheres solteiras que difundem à sua volta alegria, paz, eficácia, que sabem entregar-se nobremente ao serviço dos outros e ser mães, em profundidade espiritual, com mais realidade do que muitas que são mães apenas fisiologicamente.

As perguntas anteriores se referiram ao noivado. Mas o tema que agora proponho se refere ao matrimônio: que conselhos dá o senhor à mulher casada, para que, com o passar dos anos, continue sendo feliz, sem ceder à monotonia? Talvez a questão pareça pouco importante; mas na revista se recebem muitas cartas de leitoras interessadas por este tema.

Acho, com efeito, que é um assunto importante, e que por isso também o são as possíveis soluções, a despeito da sua aparência modesta.

Para que no matrimônio se conserve o encanto do

107

começo, a mulher deve procurar conquistar o seu marido em cada dia; e o mesmo teria que dizer ao marido em relação à mulher. O amor deve ser renovado dia a dia; e o amor se ganha com o sacrifício, com sorrisos, e com arte também. Se o marido chega a casa cansado de trabalhar e a mulher começa a falar sem medida, contando-lhe tudo o que lhe parece ter corrido mal, será que pode ficar surpreendida se o marido acaba perdendo a paciência? Essas coisas menos agradáveis podem-se deixar para um momento mais oportuno, quando o marido estiver menos cansado, mais bem disposto.

Outro pormenor: o arranjo pessoal. Se outro sacerdote lhes dissesse o contrário, acho que seria um mau conselheiro. À medida que uma pessoa que deve viver no mundo vai avançando em idade, mais necessário se torna, não só melhorar a vida interior, mas também – e precisamente por isso – procurar *estar apresentável*. Evidentemente, sempre em conformidade com a idade e as circunstâncias. Costumo dizer, brincando, que as fachadas, quanto mais envelhecidas, mais necessidade têm de reparação. É um conselho sacerdotal. Um velho refrão castelhano diz que *la mujer compuesta saca al hombre de otra puerta*[4].

Por isso me atrevo a afirmar que as mulheres têm oitenta por cento da culpa nas infidelidades dos maridos: por não saberem conquistá-los em cada dia, por não saberem ter pequenas amabilidades e delicadezas. A atenção da mulher casada deve centrar-se no marido

---

(4) A mulher bem posta tira o homem de outra porta (N. do T.).

e nos filhos. Assim como a do marido se deve centrar na mulher e nos filhos. E, para fazer isto bem, é preciso tempo e vontade. Tudo o que torna impossível esta tarefa é ruim, é algo que não está certo.

Não há desculpa para deixar de cumprir esse amável dever. Para começar, não é desculpa o trabalho fora de casa, nem sequer a própria vida de piedade; esta, se não for compatível com as obrigações de cada dia, não é boa: Deus não a quer. É do lar que a mulher casada deve ocupar-se antes de mais. Lembro-me de uma cantiga da minha terra que diz: *La mujer que, por la Iglesia, /deja el puchero quemar, /tiene la mitad de ángel, / de diablo la otra mitad*[5]. A mim parece-me inteiramente um diabo.

Pondo de parte as dificuldades que possam surgir entre pais e filhos, também são correntes entre marido e mulher desentendimentos que, às vezes, chegam a comprometer seriamente a paz familiar. Que conselho daria o senhor aos casais?

Que se amem. Saibam que ao longo da vida haverá desentendimentos e dificuldades que, resolvidos com naturalidade, contribuirão até para tornar o amor mais profundo.

Cada um de nós tem o seu feitio, os seus gostos pessoais, o seu gênio – o seu mau gênio, por vezes –

---

(5) A mulher que, por causa da igreja, deixa a panela queimar, uma metade tem de anjo, de diabo a outra metade (N. do T.).

e os seus defeitos. Cada um tem também coisas agradáveis na sua personalidade, e por isso, e por muitas mais razões, pode ser amado. O convívio é possível quando todos se empenham em corrigir as deficiências próprias e procuram passar por alto as faltas dos outros; isto é, quando há amor que anule e supere tudo o que falsamente poderia ser motivo de separação ou de divergência. Pelo contrário, se dramatizamos os pequenos contrastes e mutuamente começamos a lançar em rosto uns aos outros os defeitos e os erros, então acaba a paz e corremos o risco de matar o amor.

Os casais têm graça de estado – a graça do sacramento – para viverem todas as virtudes humanas e cristãs da convivência: a compreensão, o bom-humor, a paciência; o perdão, a delicadeza no comportamento recíproco. O que importa é não se descontrolarem, não se deixarem dominar pelo nervosismo, pelo orgulho ou pelas manias pessoais. Para tanto, o marido e a mulher devem crescer em vida interior e aprender da Sagrada Família a viver com delicadeza – por um motivo humano e sobrenatural ao mesmo tempo – as virtudes do lar cristão. Repito: a graça de Deus não lhes falta.

Se alguém diz que não pode aguentar isto ou aquilo, que lhe é impossível calar-se, está exagerando para se justificar. É preciso pedir a Deus força para saber dominar o capricho, graça para saber ter o domínio de si próprio, porque os perigos de uma zanga são estes: perde-se o controle e as palavras se enchem de amargura, chegando a ofender e, embora sem querer, a ferir e a causar mal.

É necessário aprender a calar, a esperar e a dizer as

coisas de modo positivo, otimista. Quando ele se zanga, é o momento de ela ser especialmente paciente, até chegar de novo à serenidade; e vice-versa. Se há afeto sincero e preocupação por aumentá-lo, é muito difícil que os dois se deixem dominar pelo *mau-humor* no mesmo instante...

Outra coisa muito importante: devemos acostumarmos a pensar que nunca temos *toda* a razão. Pode-se dizer inclusive que, em assuntos desses, ordinariamente tão opináveis, quanto mais certeza temos de possuir toda a razão, tanto mais certo é que não a temos. Discorrendo deste modo, torna-se depois mais fácil retificar e, se for preciso, pedir perdão, que é a melhor maneira de acabar com uma zanga. Assim se chega à paz e à ternura.

Não animo ninguém a brigar, mas é natural que briguemos algumas vezes com aqueles de quem mais gostamos, porque são os que habitualmente vivem conosco. Afinal, não se briga com o *Preste João das Índias*[6]. Portanto, essas pequenas zangas entre os esposos, se não são frequentes – e é preciso procurar que não o sejam –, não demonstram falta de amor e podem mesmo ajudar a aumentá-lo.

Um último conselho: não briguem nunca diante dos filhos. Para conseguir isso, basta porem-se de acordo

---

(6) O *Preste João das Índias* é o nome atribuído desde a Idade Média a um rei ou sacerdote lendário, que os diplomatas e aventureiros europeus andaram procurando desde o século XI pela Ásia e pela África. O seu nome ficou como símbolo de personagem irreal, conservando-se na língua espanhola como sinônimo de "ninguém". No texto, por conseguinte, o autor quer dizer: "afinal, é preciso alguém para brigar"... (N. do T.).

com um olhar, com um gesto. Depois discutirão, com mais serenidade, se não forem capazes de evitá-lo. A paz conjugal deve ser o ambiente da família, porque é condição necessária para uma educação profunda e eficaz. Que os filhos vejam em seus pais um exemplo de entrega, de amor sincero, de ajuda mútua, de compreensão, e que as ninharias da vida diária não lhes ocultem a realidade de um afeto que é capaz de superar seja o que for.

Às vezes nos tomamos demasiado a sério. Todos nos aborrecemos de quando em quando: umas vezes porque é necessário, outras porque nos falta espírito de mortificação. O que importa é demonstrar que esses aborrecimentos não quebram o afeto, e restabelecer a intimidade familiar com um sorriso. Numa palavra: que marido e mulher vivam amando-se um ao outro e amando os filhos, pois assim amam a Deus.

Passando a um tema concreto: acaba de ser anunciada a abertura de uma Escola-Residência dirigida pela Secção Feminina do Opus Dei em Madri, que se propõe criar um ambiente de família e proporcionar uma formação completa às empregadas domésticas, qualificando-as em sua profissão. Que influência acha o senhor que possa ter na sociedade este tipo de atividades do Opus Dei?

109   Essa obra apostólica – há muitas semelhantes, dirigidas por associadas do Opus Dei que trabalham juntamente com outras pessoas não pertencentes à nossa

Associação – tem como fim principal dignificar a profissão das empregadas domésticas, de modo a poderem realizar o seu trabalho com sentido científico. Digo com *sentido científico* porque é preciso que o trabalho no lar se desenvolva como o que realmente é: uma verdadeira profissão.

Não se pode esquecer que se pretendeu apresentar esse trabalho como algo de humilhante. Não está certo. Humilhantes, sem dúvida, eram as condições em que muitas vezes se desenvolvia essa tarefa. E humilhantes continuam sendo agora, algumas vezes, porque trabalham segundo o capricho de patrões arbitrários, que não dão garantias de direitos àqueles que os servem, e também com escassa retribuição e sem afeto. É necessário exigir o respeito por um contrato de trabalho adequado, com garantias claras e precisas, e definir nitidamente os direitos e deveres de cada parte.

É necessário – afora as garantias jurídicas – que a pessoa que presta esse serviço esteja *habilitada,* profissionalmente preparada. Serviço, disse – ainda que hoje a palavra não agrade –, porque toda a tarefa social bem feita é isso: um serviço magnífico, tanto o trabalho da empregada doméstica como o do professor ou do juiz. Só não é serviço o trabalho de quem condiciona tudo ao seu próprio bem-estar.

O trabalho do lar é de primeira importância. Aliás, todos os trabalhos podem ter a mesma qualidade sobrenatural. Não há tarefas grandes e pequenas: todas são grandes, se se fazem por amor. As que são tidas como tarefas de grande importância ficam diminuídas quando se perde o sentido cristão da vida. Pelo contrário, há coisas aparentemente pequenas que podem ser muito grandes pelas consequências reais que tenham.

Para mim, é tão importante o trabalho de uma minha filha associada do Opus Dei que seja empregada doméstica, como o trabalho de uma minha filha que tenha um título nobiliárquico. Nos dois casos, só me interessa que o trabalho realizado seja meio e ocasião de santificação pessoal e alheia. E será mais importante o trabalho da pessoa que, na sua própria ocupação e no seu próprio estado, se for tornando mais santa e cumprindo com mais amor a missão recebida de Deus.

Diante de Deus, tem tanta categoria a que é catedrática de uma Universidade quanto a que trabalha como comerciária, ou como secretária, ou como operária, ou como camponesa. Todas as almas são iguais; mas, às vezes, são mais formosas as almas das pessoas mais simples; e sempre são mais agradáveis ao Senhor as que tratam com mais intimidade a Deus Pai, a Deus Filho e a Deus Espírito Santo.

Com essa Escola que se abriu em Madri, pode-se fazer muito: uma autêntica e eficaz ajuda à sociedade numa tarefa importante; e um trabalho cristão no seio do lar, levando às casas alegria, paz, compreensão. Poderia ficar falando horas sobre este tema, mas já é suficiente o que disse para ver que considero o trabalho no lar como uma profissão de particular transcendência: porque com ele se pode fazer muito mal ou muito bem no próprio âmago das famílias. Esperemos que seja muito bem. Não faltarão pessoas que, com categoria humana, com competência e com impulso apostólico, façam dessa profissão uma ocupação alegre, de imensa eficácia em muitos lares do mundo.

Circunstâncias de índole muito diversa, e também exortações e ensinamentos do Magistério da Igreja, criaram e estimularam uma profunda inquietação social. Fala-se muito da virtude da pobreza, como testemunho. De que maneira pode vivê-la uma dona de casa, que deve proporcionar à sua família um justo bem-estar?

O Evangelho é anunciado aos pobres (Mat. XI, 6): é o que lemos na Escritura, precisamente como um dos sinais que dão a conhecer a chegada do Reino de Deus. Quem não amar e viver a virtude da pobreza não tem o espírito de Cristo. E isto é válido para todos: tanto para o anacoreta que se retira para o deserto, como para o simples cristão que vive no meio da sociedade humana, usando dos recursos deste mundo ou carecendo de muitos deles.

É este um tema em que me queria demorar um pouco, porque hoje em dia nem sempre se prega a pobreza de modo a que a sua mensagem chegue à vida. Decerto com boa vontade, mas sem se haver captado todo o sentido dos tempos, há quem pregue uma pobreza que é fruto de elucubração intelectual, onde se veem certos sinais exteriores aparatosos e simultaneamente enormes deficiências interiores e às vezes também externas.

Fazendo-me eco de uma expressão do profeta Isaías – *discite benefacere* (I, 17) –, tenho gosto em afirmar

110

que *é preciso aprender a viver toda e qualquer virtude*, e talvez a pobreza muito especialmente. É necessário aprender a vivê-la para que não fique reduzida a um ideal sobre o qual se pode escrever muito, mas que ninguém realiza seriamente. É preciso fazer ver que a pobreza é um convite dirigido pelo Senhor a cada cristão e que, por conseguinte, é um chamado concreto, que deve moldar toda a vida da humanidade.

Pobreza não é miséria, e muito menos sujidade. Em primeiro lugar, porque o que define o cristão não são, em primeira linha, as condições exteriores da sua existência, mas a atitude do seu coração. Mais ainda: porque a pobreza não se define pela simples renúncia; e aqui nos aproximamos de um ponto muito importante, do qual depende uma reta compreensão da vocação laical. Em determinadas ocasiões, o testemunho da pobreza que se pede aos cristãos pode ser o de abandonar tudo, ou de enfrentar um ambiente que não tem outros horizontes senão os do bem-estar material, e proclamar assim, com um gesto aparatoso, que nada é bom quando o preferimos a Deus. Mas será esse o testemunho que a Igreja pede hoje ordinariamente? Não é certo que também exige um testemunho explícito de amor ao mundo, de solidariedade com os homens?

Às vezes, quando se medita sobre a pobreza cristã, tomam-se como principal ponto de referência os religiosos, dos quais é próprio dar sempre e em toda a parte um testemunho público, oficial; e corre-se o risco de não reparar no caráter específico de um testemunho laical, dado a partir de dentro, com a simplicidade do cotidiano.

Todo o cristão corrente tem que tornar compatíveis na sua vida dois aspectos que, à primeira vista, podem parecer contraditórios: *pobreza real,* que se note e que se toque – feita de coisas concretas –, que seja uma profissão de fé em Deus, uma manifestação de que o coração não se satisfaz com coisas criadas, mas aspira ao Criador, desejando encher-se do amor de Deus e depois dar a todos desse mesmo amor; e, ao mesmo tempo, *ser mais um entre os seus irmãos, os homens,* de cuja vida participa, com quem se alegra, com quem colabora, amando o mundo e todas as coisas criadas, a fim de resolver os problemas da vida humana e estabelecer o ambiente espiritual e material que facilite o desenvolvimento das pessoas e das comunidades.

Conseguir a síntese entre esses dois aspectos é – em boa parte – questão pessoal, questão de vida interior, para julgar em cada momento, para encontrar em cada caso o que Deus pede. Não quero, pois, dar regras fixas, mas sim orientações gerais, referindo-me especialmente às mães de família.

Sacrifício: eis aí, em grande parte, a realidade da pobreza. Pobreza é saber prescindir do supérfluo, aferido não tanto por regras teóricas quanto por essa voz interior que nos adverte de que se está infiltrando o egoísmo ou a comodidade desnecessária. Conforto, em sentido positivo, não é luxo nem voluptuosidade; é tornar a vida agradável à família e aos outros, para que todos possam servir melhor a Deus.

Pobreza é o verdadeiro desprendimento das coisas terrenas, é levar com alegria as incomodidades, se as há, ou a falta de meios. É, além disso, saber ter o dia

111

todo preenchido com um horário elástico onde não faltem como tempo principal – além das normas diárias de piedade – o devido descanso, a reunião familiar, a leitura, os momentos dedicados a um gosto artístico, à literatura ou a outra distração nobre, enchendo as horas com uma atividade útil, fazendo as coisas o melhor possível, vivendo os pormenores de ordem, de pontualidade, de bom-humor. Numa palavra: encontrando ocasiões para servir os outros e para si mesmo, sem esquecer que todos os homens, todas as mulheres – e não apenas os materialmente pobres – têm obrigação de trabalhar. A riqueza, a situação de desafogo econômico, é um sinal de que se tem mais obrigação de sentir a responsabilidade pela sociedade inteira.

O amor é o que dá sentido ao sacrifício. Toda a mãe sabe bem o que é sacrificar-se pelos seus filhos. O sacrifício não está só em lhes conceder umas horas, mas em gastar a vida inteira em benefício deles. Viver pensando nos outros, usar as coisas de tal maneira que haja algo para oferecer aos outros – tudo isso são dimensões da pobreza que garantem o desprendimento efetivo.

Para uma mãe, é importante não só viver assim, mas também ensinar os filhos a viverem assim: educá-los, de modo a fomentar neles a fé, a esperança otimista e o emprego generoso de parte do seu tempo ao serviço dos menos afortunados, levando-os a participar em ocupações adequadas à sua idade, nas quais se ponha de manifesto um empenho de solidariedade humana e divina.

Resumindo: que cada um viva realizando a sua vocação. Para mim, foram sempre o melhor exemplo de pobreza esses pais e essas mães de família numerosa e pobre que se desfazem pelos seus filhos e que, com o seu esforço e constância – muitas vezes sem voz para dizer a alguém que passam necessidades – mantêm os seus, criando um lar alegre onde todos aprendem a amar, a servir, a trabalhar.

Ao longo desta entrevista, tem havido ocasião de comentar aspectos importantes da vida humana e especificamente da vida da mulher, e de reconhecer como o espírito do Opus Dei os valoriza. Para terminar, poderia dizer-nos como considera que se deve promover o papel da mulher na vida da Igreja?

Não posso ocultar que, ao responder a uma pergunta deste tipo, sinto a tentação – contrária ao meu proceder habitual – de fazê-lo de um modo polêmico: porque há pessoas que empregam essa linguagem de um modo clerical, usando a palavra Igreja como sinônimo de algo que pertence ao clero, à Hierarquia eclesiástica. E assim, por participação na vida da Igreja entendem, só ou principalmente, a ajuda prestada à vida paroquial, a colaboração em associações "com mandato" da Hierarquia, a assistência ativa às funções litúrgicas e coisas semelhantes.

Quem pensa assim esquece na prática – embora talvez o proclame na teoria – que a Igreja é a totalidade do Povo de Deus, o conjunto de todos os cristãos: que, portanto, onde estiver um cristão que se esforce por viver em nome de Jesus Cristo, aí está presente a Igreja.

Com isto não pretendo desvalorizar a importância da colaboração que a mulher pode prestar à vida da estrutura eclesiástica. Pelo contrário, considero-a imprescindível. Tenho dedicado a minha vida a defender a plenitude da vocação cristã do laicato, dos homens e das mulheres que vivem no meio do mundo, e, por conseguinte, a procurar o pleno reconhecimento teológico e jurídico da sua missão na Igreja e no mundo.

Só quero fazer notar que há quem promova uma *redução* injustificada dessa colaboração; e afirmar que o simples cristão, homem ou mulher, só pode cumprir a sua missão específica, também a que lhe compete dentro da estrutura eclesial, desde que não se clericalize: e continue sendo secular, corrente, pessoa que vive no mundo e que participa dos anseios do mundo.

Compete aos milhões de mulheres e de homens cristãos que enchem a terra levar Cristo a todas as atividades humanas, anunciando com as suas vidas que Deus ama a todos e quer salvar a todos. Por isso, a melhor maneira de participarem na vida da Igreja, a mais importante e a que, pelo menos, tem de estar pressuposta em todas as outras, é a de serem integralmente cristãos no lugar onde estão na vida, onde a sua vocação humana os colocou.

Como me emociona pensar em tantos cristãos, homens e mulheres, que, talvez sem se proporem fazê-lo de maneira específica, vivem com simplicidade a sua vida ordinária, procurando encarnar nela a Vontade de Deus! Fazer com que eles tomem consciência da sublimidade da sua vida, revelar-lhes que isso, aparentemente sem importância, tem um valor de eternidade, ensiná-los a escutar mais atentamente a voz de Deus, que lhes fala através de acontecimentos e situações – é disso que a Igreja tem hoje premente necessidade, porque é nesse sentido que Deus a está urgindo.

Cristianizar o mundo inteiro a partir de dentro, mostrando que Jesus Cristo redimiu toda a humanidade – essa é a missão do cristão. E a mulher participará nela da maneira que lhe é própria, tanto no lar quanto nas tarefas que desempenha, realizando as virtualidades peculiares que lhe cabem.

O principal é, pois, que, como Santa Maria – mulher, Virgem e Mãe –, vivam voltadas para Deus, pronunciando esse *fiat mihi secundum verbum tuum* (Luc. I, 38), faça-se em mim segundo a tua vontade, do qual depende a fidelidade à vocação pessoal, única e intransferível em cada caso, e que nos fará cooperadores da obra de salvação realizada por Deus em nós e no mundo inteiro.

Amar o mundo apaixonadamente[1]

Acabam de escutar a leitura solene dos dos dois textos da Sagrada Escritura correspondentes à Missa do XXI domingo depois de Pentecostes. Tendo ouvido a Palavra de Deus, ficam já situados no âmbito em que querem mover-se as palavras que agora vou dizer: palavras de sacerdote, pronunciadas perante uma grande família de filhos de Deus na sua Igreja Santa. Palavras, portanto, que desejam ser sobrenaturais, pregoeiras da grandeza de Deus e das suas misericórdias para com os homens: palavras que a todos preparem para a impressionante Eucaristia que hoje celebramos no *campus* da Universidade de Navarra.

Considerem por alguns instantes o fato que acabo de mencionar. Celebramos a Sagrada Eucaristia, o

---

[1] Homilia proferida durante a missa celebrada no *campus* da Universidade de Navarra, em 8-10-1967.

sacrifício sacramental do Corpo e Sangue do Senhor, esse mistério de fé que reúne em si todos os mistérios do Cristianismo. Celebramos, portanto, a ação mais sagrada e transcendente que os homens, pela graça de Deus, podem realizar nesta vida. Comungar no Corpo e no Sangue do Senhor vem a ser, em certo sentido, como que desligar-nos dos nossos liames de terra e de tempo, para estarmos já com Deus no Céu, onde o próprio Cristo nos enxugará as lágrimas dos olhos e onde não haverá morte, nem pranto, nem gritos de fadiga, porque o mundo velho já terá terminado[2].

Esta verdade tão consoladora e profunda, este significado escatológico da Eucaristia, como os teólogos costumam denominá-lo, poderia, no entanto, ser mal entendido: e assim aconteceu sempre que se quis apresentar a existência cristã como algo unicamente *espiritual* – isto é, espiritualista –, próprio de pessoas *puras*, extraordinárias, que não se misturam com as coisas desprezíveis deste mundo ou que, quando muito, as toleram como algo necessariamente justaposto ao espírito, enquanto aqui vivemos.

Quando se veem as coisas deste modo, o templo converte-se, por antonomásia, no lugar da vida cristã; e, nessa altura, ser cristão é ir ao templo, participar de cerimônias sagradas, incrustar-se numa sociologia eclesiástica, numa espécie de *mundo* segregado, que se apresenta a si mesmo como a antecâmara do céu, enquanto o mundo comum vai percorrendo o seu próprio caminho. Assim, a doutrina do Cristianismo, a

---

(2) Cfr. Apoc. XXI, 4.

vida da graça, andariam como que roçando o buliçoso avançar da história humana, mas sem se encontrarem com ele.

Nesta manhã de outubro, enquanto nos preparamos para adentrar-nos no memorial da Páscoa do Senhor, respondemos simplesmente *não!* a essa visão deformada do Cristianismo. Reparem, por um momento, em como está emoldurada a nossa Eucaristia, a nossa Ação de Graças: encontramo-nos num templo singular; poderia dizer-se que a nave é o *campus* universitário; o retábulo, a Biblioteca da Universidade; além, as máquinas que levantam novos edifícios; e, por cima, o céu de Navarra...

Não será que esta enumeração vem confirmar, de uma forma plástica e inesquecível, que a vida corrente é o verdadeiro *lugar* da existência cristã? Meus filhos: aí onde estão os nossos irmãos, os homens, aí onde estão as nossas aspirações, o nosso trabalho, os nossos amores, aí está o lugar do nosso encontro quotidiano com Cristo. É no meio das coisas mais materiais da terra que nós devemos santificar-nos, servindo a Deus e a todos os homens.

Tenho-o ensinado constantemente com palavras da Escritura Santa: o mundo não é ruim, porque saiu das mãos de Deus, porque é criatura dEle, porque Javé olhou para ele e viu que era bom[3]. Nós, os homens, é que o fazemos ruim e feio, com os nossos pecados e as nossas infidelidades. Não duvidem, meus filhos: qualquer modo de evasão das honestas realidades diárias é

---

(3) Cfr. Gên I, 7 e segs.

para os homens e mulheres do mundo coisa oposta à vontade de Deus.

Pelo contrário, devem compreender agora – com uma nova clareza – que Deus os chama a servi-Lo *em* e *a partir* das tarefas civis, materiais, seculares da vida humana. Deus espera-nos cada dia: no laboratório, na sala de operações de um hospital, no quartel, na cátedra universitária, na fábrica, na oficina, no campo, no seio do lar e em todo o imenso panorama do trabalho. Não esqueçam nunca: há *algo* de santo, de divino, escondido nas situações mais comuns, algo que a cada um de nós compete descobrir.

Eu costumava dizer àqueles universitários e àqueles operários que me procuravam lá pela década de 30, que tinham de saber *materializar* a vida espiritual. Queria afastá-los, assim, da tentação, tão frequente então como agora, de levar uma vida dupla: a vida interior, a vida de relação com Deus, por um lado; e, por outro, diferente e separada, a vida familiar, profissional e social, cheia de pequenas realidades terrenas.

Não, meus filhos! Não pode haver uma vida dupla, não podemos ser como esquizofrênicos, se queremos ser cristãos. Há uma única vida, feita de carne e espírito, e essa é a que tem de ser – na alma e no corpo – santa e plena de Deus. Esse Deus invisível, nós O encontramos nas coisas mais visíveis e materiais.

Não há outro caminho, meus filhos: ou sabemos encontrar o Senhor na nossa vida de todos os dias, ou não O encontraremos nunca. Por isso, posso afirmar que a nossa época precisa devolver à matéria e às situações aparentemente mais vulgares o seu nobre e original sentido: pondo-as ao serviço do Reino de Deus, espiritualizando-as, fazendo delas meio e ocasião para o nosso encontro contínuo com Jesus Cristo.

O autêntico sentido cristão – que professa a ressurreição de toda a carne – sempre combateu, como é lógico, a *desencarnação*, sem medo de ser tachado de materialista. É lícito, portanto, falar de um *materialismo cristão*, que se opõe audazmente aos materialismos cerrados ao espírito.

O que são os Sacramentos – vestígios da Encarnação do Verbo, como afirmaram os antigos – senão a mais clara manifestação deste caminho escolhido por Deus para nos santificar e levar ao Céu? Não veem que cada sacramento é o amor de Deus, com toda a sua força criadora e redentora, que se dá a nós servindo-se de meios materiais? O que é a Eucaristia – já iminente – senão o Corpo e Sangue adoráveis do nosso Redentor, que se oferece a nós através da humilde matéria deste mundo – vinho e pão –, através *dos elementos da natureza, cultivados pelo homem*, como o quis recordar o último Concílio Ecumênico?[4]

Assim se compreende, meus filhos, que o Apóstolo chegasse a escrever: *Todas as coisas são vossas, vós sois de Cristo e Cristo é de Deus*[5]. Trata-se de um movimento ascendente que o Espírito Santo, difundido nos nossos corações, quer provocar no mundo: da terra até à glória do Senhor. E, para ficar bem claro que – nesse movimento – se incluía também o que pa-

---

(4) Cfr. *Gaudium et spes*, 38.
(5) I Cor III, 22-23.

rece mais prosaico, São Paulo escreveu ainda: *Quer comais, quer bebais, fazei tudo para a glória de Deus*[6].

116   Esta doutrina da Sagrada Escritura, que se encontra – como sabem – no próprio cerne do espírito do Opus Dei, deve levar-nos a realizar o trabalho com perfeição, a amar a Deus e aos homens pondo amor nas pequenas coisas da jornada habitual, descobrindo esse *algo de divino* que se encerra nos detalhes. Que bem ficam aqui aqueles versos do poeta de Castela: *Despacito, y buena letra: el hacer las cosas bien importa más que el hacerlas*[7].

Eu lhes asseguro, meus filhos, que, quando um cristão desempenha com amor a mais intranscendente das ações diárias, está desempenhando algo de onde transborda a transcendência de Deus. Por isso tenho repetido, com um insistente martelar, que a vocação cristã consiste em transformar em poesia heroica a prosa de cada dia. Na linha do horizonte, meus filhos, parecem unir-se o céu e a terra. Mas não: onde de verdade se juntam é no coração, quando se vive santamente a vida diária...

Viver santamente a vida diária, como acabo de dizer. E com estas palavras refiro-me a todo o programa dos afazeres cristãos. Portanto, deixem-se de sonhos, de falsos idealismos, de fantasias, disso que costumo chamar *mística do oxalá*: oxalá não me tivesse casa-

---

(6) I Cor X, 31.

(7) "Devagarinho, e boa letra; que fazer as coisas bem, importa mais que fazê-las". A. Machado, *Poesias Completas*, CLXI. *Proverbios y cantares*, XXIV, Espasa-Calpe, Madri, 1940.

do, oxalá não tivesse esta profissão, oxalá tivesse mais saúde, oxalá fosse jovem, oxalá fosse velho...; e atenham-se, pelo contrário, sobriamente, à realidade mais material e imediata, que é onde o Senhor está: *Olhai as minhas mãos e os meus pés* – disse Jesus ressuscitado –, *sou eu mesmo. Apalpai e vede que um espírito não tem carne e ossos, como vedes que eu tenho*[8].

São muitos os aspectos do ambiente secular que se iluminam a partir destas verdades. Pensem, por exemplo, na atuação que têm como cidadãos na vida civil. Um homem ciente de que o mundo – e não só o templo – é o lugar do seu encontro com Cristo, ama esse mundo, procura adquirir um bom preparo intelectual e profissional, vai formando – com plena liberdade – seus próprios critérios sobre os problemas do ambiente em que se move; e, em consequência, toma as suas próprias decisões, as quais, por serem decisões de um cristão, procedem além disso de uma reflexão pessoal que tenta humildemente captar a vontade de Deus nesses detalhes pequenos e grandes da vida.

Mas jamais esse cristão se lembra de pensar ou dizer que desce do templo ao mundo para representar a Igreja, e que as suas soluções são as *soluções católicas* para aqueles problemas. Isso não pode ser, meus filhos! Isso seria clericalismo, *catolicismo oficial*, ou como queiram chamá-lo. Em qualquer caso, é violentar a natureza das coisas. Há que difundir por toda a parte uma verdadeira *mentalidade laical*, que deve levar a três conclusões:

---

(8) Lc XXIV, 39.

— temos que ser suficientemente honrados para arcar com a nossa própria responsabilidade pessoal;

— temos que ser suficientemente cristãos para respeitar os irmãos na fé, que propõem – em matérias de livre opinião – soluções diversas daquela que cada um sustenta;

— e temos que ser suficientemente católicos para não nos servirmos da nossa Mãe a Igreja, misturando-a em partidarismos humanos.

Já se vê claramente que, neste terreno como em todos, não poderíamos realizar esse programa de viver santamente a vida diária, se não gozássemos de toda a liberdade que nos reconhecem, simultaneamente, a Igreja e a nossa dignidade de homens e mulheres criados à imagem de Deus. Contudo, não esqueçam, meus filhos, que falo sempre de uma liberdade responsável.

Interpretem, portanto, as minhas palavras como elas são realmente: um chamado para que exerçam – diariamente!, não apenas em situações de emergência – os direitos que têm; e para que cumpram nobremente as obrigações que lhes cabem como cidadãos – na vida pública, na vida econômica, na vida universitária, na vida profissional –, assumindo com valentia todas as consequências das suas livres decisões, e arcando com o peso da correspondente independência pessoal.

E essa *mentalidade laical* cristã permitir-lhes-á fugir de toda e qualquer intolerância, de todo o fanatismo; vou dizê-lo de um modo positivo: fá-los-á conviver em paz com todos os concidadãos, e fomentará também a convivência nas diversas ordens da vida social.

Sei que não tenho necessidade de recordar o que, ao 118
longo de tantos anos, venho repetindo. Esta doutrina de
liberdade de cidadãos, de convivência e de compreensão, constitui parte muito importante da mensagem que
o Opus Dei difunde. Será que ainda tenho de voltar a
afirmar que os homens e mulheres que querem servir a
Jesus Cristo na Obra de Deus são simplesmente *cidadãos iguais aos outros*, que se esforçam por viver com
séria responsabilidade – até às últimas conclusões – a
sua vocação cristã?

Nada distingue os meus filhos dos seus concidadãos.
Em contrapartida, além da Fé, nada têm em comum
com os membros das congregações religiosas. Amo os
religiosos e venero e admiro as suas clausuras, os seus
apostolados, o seu afastamento do mundo – o seu *contemptus mundi* –, que são *outros* sinais de santidade na
Igreja. Mas o Senhor não me deu vocação religiosa,
e desejá-la para mim seria uma desordem. Nenhuma
autoridade na terra poderá obrigar-me a ser religioso,
assim como nenhuma autoridade pode forçar-me a
contrair matrimônio. Sou sacerdote secular: sacerdote
de Jesus Cristo, que ama o mundo apaixonadamente.

Os que seguiram a Jesus Cristo comigo, pobre pe- 119
cador, são: uma pequena percentagem de sacerdotes,
que anteriormente exerciam uma profissão ou um ofício laical; um grande número de sacerdotes seculares
de muitas dioceses do mundo – que assim confirmaram
a sua obediência aos respectivos Bispos e o seu amor à
diocese e a eficácia do seu trabalho diocesano –, sempre com os braços abertos em cruz para que todas as
almas lhes caibam no coração, e que estão como eu

no meio da rua, no mundo, e o amam; e a grande multidão formada por homens e por mulheres – de diversas nações, de diversas línguas, de diversas raças – que vivem do seu trabalho profissional, casados a maior parte deles, solteiros muitos outros, e que, ao lado dos seus concidadãos, tomam parte na grave tarefa de tornar mais humana e mais justa a sociedade temporal: na nobre lide dos afãs diários, com responsabilidade pessoal – repito –, experimentando com os outros homens, lado a lado, êxitos e malogros, tratando de cumprir os seus deveres e de exercer os seus direitos sociais e cívicos. E tudo com naturalidade, como qualquer cristão consciente, sem mentalidade de gente seleta, fundidos na massa dos seus colegas, enquanto procuram descobrir os fulgores divinos que reverberam nas realidades mais vulgares.

Também as obras promovidas pelo Opus Dei, como associação, têm essas características eminentemente seculares: não são obras eclesiásticas. Não gozam de nenhuma representação oficial da Sagrada Hierarquia da Igreja. São obras de promoção humana, cultural, social, realizadas por cidadãos que procuram iluminá-las com as luzes do Evangelho e caldeá-las com o amor de Cristo. Um dado que pode exprimir isto com mais clareza: o Opus Dei, por exemplo, não tem nem terá jamais como missão dirigir Seminários diocesanos, onde os Bispos, *instituídos pelo Espírito Santo*[9], preparam os seus futuros sacerdotes.

Em contrapartida, o Opus Dei fomenta centros de

---

(9) Act XX, 28.

formação operária, de habilitação agrícola, de educação primária, secundária e universitária, e tantas e tão variadas atividades mais, no mundo inteiro, porque os seus anseios apostólicos – como escrevi faz muitos anos – são um mar sem praias.

Mas, para que me hei de alongar nesta matéria, se a presença dos que me escutam é de per si mais eloquente do que um longo discurso? Os Amigos da Universidade de Navarra que me escutam são parte de um povo que sabe estar comprometido no progresso da sociedade a que pertence. O seu alento cordial, a sua oração, o seu sacrifício e as suas contribuições não se inserem nos quadros de um confessionalismo católico: prestando a sua colaboração, são claro testemunho de uma reta consciência de cidadãos, preocupada com o bem comum temporal; testemunham que uma Universidade pode nascer das energias do povo e ser sustentada pelo povo.

Quero aproveitar a ocasião para agradecer uma vez mais a colaboração prestada à nossa Universidade por esta minha nobilíssima cidade de Pamplona, pela grande e forte região navarra; e pelos Amigos procedentes de toda a geografia espanhola e – digo-o com especial emoção – pelos não espanhóis, e ainda pelos não católicos e os não cristãos, que compreenderam, mostrando-o com fatos, a intenção e o espírito deste empreendimento.

A todos se deve que a Universidade seja um foco, cada vez mais vivo, de liberdade cívica, de preparação intelectual, de emulação profissional, e um estímulo para o ensino universitário. O sacrifício generoso de todos está na base deste labor universal que visa o incremento das ciências humanas, a promoção social, a pedagogia da fé.

O que acabo de enunciar foi visto com clareza pelo povo navarro, que reconhece também na sua Universidade um fator de promoção econômica da região, e especialmente de promoção social, por ter possibilitado a tantos dos seus filhos um acesso às profissões intelectuais que – de outro modo – seria árduo e, em certos casos, impossível conseguir. O discernimento do papel que a Universidade haveria de desempenhar na sua vida decerto motivou o apoio a ela dispensado por Navarra desde o início: apoio que, sem dúvida, haverá de ser de dia para dia mais amplo e entusiasta.

121 Continuo mantendo a esperança – porque corresponde a um critério justo e à realidade vigente em muitos países – de que um dia o Estado espanhol contribua, por sua parte, para aliviar os ônus de uma tarefa que não tem em vista proveito privado algum, pois – muito pelo contrário –, por estar totalmente votada ao serviço da sociedade, procura trabalhar com eficácia em prol da prosperidade presente e futura da nação.

E agora, filhos e filhas, permitam que me detenha em outro aspecto – particularmente entranhável – da vida ordinária. Refiro-me ao amor humano, ao amor limpo entre um homem e uma mulher, ao noivado, ao matrimônio. Devo dizer uma vez mais que esse santo amor humano não é algo permitido, tolerado, ao lado das verdadeiras atividades do espírito, como poderiam insinuar os falsos espiritualismos a que antes aludia. Faz quarenta anos que venho pregando, de palavra e por escrito, exatamente o contrário; e já o vão entendendo os que não o compreendiam.

O amor que conduz ao matrimônio e à família pode ser também um caminho divino, vocacional, maravilhoso, por onde flua uma completa dedicação ao nosso Deus. Já lhes lembrei: realizem as coisas com perfeição, ponham amor nas pequenas atividades da jornada; descubram – insisto – esse *algo de divino* que nos detalhes se encerra: toda esta doutrina encontra lugar especial no espaço vital em que se enquadra o amor humano.

Já o sabem os professores, os alunos e todos os que dedicam o seu trabalho à Universidade de Navarra: eu encomendei os seus amores a Santa Maria, Mãe do Amor Formoso. E aí está a ermida que construímos com devoção, no *campus* universitário, para receber as orações de todos e a oblação desse maravilhoso e limpo amor, que Ela abençoa.

Não sabíeis que o vosso corpo é templo do Espírito Santo, recebido de Deus, e que não vos pertenceis?[10] Quantas vezes haverão de responder, diante da imagem da Virgem Santa, da Mãe do Amor Formoso, com uma afirmação cheia de júbilo à pergunta do Apóstolo: Sim, nós o sabemos e queremos vivê-lo com a tua ajuda poderosa, ó Virgem Mãe de Deus!

A oração contemplativa surgirá em todos sempre

---

(10) I Cor VI, 19.

que meditarem nesta realidade impressionante: algo tão material como o meu corpo foi escolhido pelo Espírito Santo para estabelecer a sua morada..., não me pertenço mais a mim..., o meu corpo e a minha alma – todo o meu ser – são de Deus... E essa oração há de ser rica em resultados práticos, derivados da grande consequência que o próprio Apóstolo propõe: *Glorificai a Deus no vosso corpo*[11].

122 Por outro lado, como não podem deixar de reconhecer, só entre os que compreendem e avaliam em toda a sua profundidade o que acabamos de considerar acerca do amor humano, é que pode surgir essa outra compreensão inefável de que falou Jesus[12], que é puro dom de Deus e que impele a entregar o corpo e a alma ao Senhor, a oferecer-Lhe o coração indiviso, sem a mediação do amor terreno.

123 Tenho que terminar, meus filhos. Disse no começo que as minhas palavras pretendiam anunciar alguma coisa da grandeza e da misericórdia de Deus. Penso tê-lo feito, falando de viver santamente a vida ordinária: porque uma vida santa no meio da realidade secular – sem ruído, com simplicidade, com veracidade –, não será porventura a manifestação mais comovente das *magnalia Dei*[13], dessas portentosas misericórdias que Deus sempre exerceu, e não deixa de exercer, para salvar o mundo?

Agora peço que se unam com o salmista à minha

---

(11) I Cor VI, 20.
(12) Cfr. Mt XIX, 11.
(13) Eccli XVIII, 4.

oração e ao meu louvor: *Magnificate Dominum mecum, et extollamus nomen eius simul*[14]; engrandecei o Senhor comigo, e enalteçamos o seu nome todos juntos. Quer dizer, meus filhos: vivamos de fé.

Tomemos o escudo da fé, o elmo da salvação e a espada do espírito, que é a Palavra de Deus. Assim nos anima o Apóstolo São Paulo na Epístola aos de Éfeso[15], que faz um instante se proclamava liturgicamente.

Fé, virtude de que nós, os cristãos, tanto necessitamos, de modo especial neste ano da Fé promulgado pelo nosso amadíssimo Santo Padre o Papa Paulo VI: porque, sem a fé, falta o próprio fundamento para a santificação da vida ordinária.

Fé viva neste momento, porque nos abeiramos do *mysterium fidei*[16], da Sagrada Eucaristia; porque vamos participar desta Páscoa do Senhor, que resume e realiza as misericórdias de Deus para com os homens.

Fé, meus filhos, para confessar que, dentro de uns instantes, sobre esta ara, vai renovar-se *a obra da nossa Redenção*[17]. Fé para saborear o Credo e experimentar, em torno deste altar e desta Assembleia, a presença de Cristo, que nos faz *cor unum et anima una*[18], um só coração e uma só alma; e nos converte em família, em Igreja, una, santa, católica, apostólica e romana, que para nós é o mesmo que universal.

---

(14) Salmo XXXIII, 4.
(15) Efes VI, 11 e segs.
(16) I Tim. III, 9.
(17) Secreta do domingo IX depois de Pentecostes.
(18) Act IV, 32.

Fé, finalmente, filhas e filhos queridíssimos, para demonstrar ao mundo que tudo isto não são cerimônias e palavras, mas uma realidade divina, ao apresentar aos homens o testemunho de uma vida ordinária santificada, em Nome do Pai e do Filho e do Espírito Santo e de Santa Maria.

Índice de matérias[19]

ABNEGAÇÃO. Entrega, 67, 122.

"AGGIORNAMENTO". 1, 26, 72, 100.

AMIZADE. 60, 98; com Jesus Cristo, 102, 114, 116, 122; entre pais e filhos, 100, 101, 104; apostolado de amizade, 62, 71.

AMOR DE DEUS. 92, 105; e liberdade, 104; e entrega, 67, 122; correspondência, 10, 106, 116, 123; Sacramentos, 115; espírito de pobreza, 110, 111.

AMOR HUMANO. 91, 92, 105-108, 121.

APOSTOLADO. Missão de todos os cristãos, 1, 9, 45; instrumentos de Deus, 36, 58; apostolado e liberdade, 12, 19; sacerdotes e leigos, 4, 69; apostolado laical, 9, 20, 21; de amizade e confidência, 62, 71; através do trabalho, 18, 31, 70, 109; no lar, 89, 91, 92, 102-104; serviço, 51, 73, 90, 119, 120; fermento cristão, santificação do mundo, 56-60, 112.

ASSOCIAÇÃO. Direito de associação na Igreja, 7, 8, 16; associações de estudantes, 78.

AUTORIDADE. Liberdade, 2. 11, 59; na família, 100, 101.

---

(19) As referências indicadas correspondem aos números marginais que constam do texto.

BATISMO. Vocação para a santidade, 14, 20, 21, 24. 47. 58. 91.

BEATICE. 102, 107.

CARIDADE. Compreensão, convivência, 35, 44, 60, 117; sacrifício, 97, 101, 111; serviço aos outros, 96, 109; caridade, carinho, 105-108; através do trabalho, 10, 75, 116; através do apostolado, 62; amor conjugal, 91, 92, 95, 108, 121; unidade, 54; liberdade, 56. 85, 98; justiça, 29.

CASTIDADE. Afirmação gozosa, 92, 121, 122; e amor humano, 91, 105, 107, 108, 121.

CATEQUESE. 2, 5, 27, 29, 67, 99.

CATÓLICOS. 29, 47, 58, 59, 113.

CELIBATO APOSTÓLICO. 45, 92. 122.

CLERICALISMO. 47, 59; presença cristã no mundo, 66, 117; liberdade dos leigos, 2, 12, 34, 65, 112; e ministério sacerdotal, 4.

COMPREENSÃO. 44, 98. 104, 108. 117; entre pais e filhos, 101.

CONSCIÊNCIA. Liberdade das consciências, 29, 44; formação da consciência, 93, 95.

CONCÍLIO VATICANO II. Fidelidade da Igreja, 1, 23; chamada universal à santidade, 47, 72; sacerdotes, 3, 4; direito de associação dos sacerdotes, 7, 8, 16; missão do laicato na Igreja, 20, 21; santificação do trabalho, 55; matrimônio e família, 94; educação cristã, 81; apostolado, santificação do mundo, 11, 15, 26.

COISAS PEQUENAS. A santidade e o pequeno, 115, 116, 121; presença de Deus, 114; caridade, 107; ordem, 88.

CRIAÇÃO. Trabalho, 10, 24.

CULTURA. 73, 120.

DESCANSO. 111.

DIGNIDADE HUMANA. Amor e respeito à liberdade, 53, 66, 84, 117; dignidade do amor humano, 105, 121, 122; do trabalho, 10, 24, 55, 57, 109; da mulher, 14, 90, 112; formação, 73.

DIREÇÃO ESPIRITUAL. 93.

DOUTRINA. Magistério da Igreja, 11, 29, 59; formação, 2, 73; e piedade, 102.

ECUMENISMO. 22, 27, 29, 44, 46, 85.

EDUCAÇÃO. Cristã, 73, 81, 84, 99, 102, 103; dos filhos, 89, 100, 101, 108, 111; universitária, 73-76; educação da liberdade, 13, 84.

EMPREGADAS DOMÉSTICAS. 109.

ESPÍRITO SANTO. Ação na Igreja, 2, 21, 23; ação nos cristãos, 31, 40, 55, 59, 67; e sacerdotes, 8; e a vida sobrenatural, 22, 115, 121.

ESPIRITUALISMO. 113, 115.

EUCARISTIA. 113-115, 123.

EVANGELHO. Fidelidade ao Evangelho, 1, 28, 72; mensagem de santidade, 24, 60, 62, 64; e de apostolado. 35, 57.

EXAME DE CONSCIÊNCIA. 72.

FAMÍLIA. Caminho de santidade, 91, 99, 112, 121; caridade, autoridade e liberdade, 98, 100, 101, 104; a mulher na família, 87, 88, 97, 107, 108; relações entre pais e filhos, 100, 101, 108; piedade familiar, 102, 103; família numerosa, 89, 94, 95, 111; espírito de pobreza e de serviço, 110, 111.

FÉ. Vocação cristã, 1, 58, 95, 123; formação e piedade, 73, 102.

FIDELIDADE. 1; à Vontade de Deus, 32, 68; à fé, 44, 62, 72, 90, 95; na Igreja, 23.

FILHOS. Relações entre pais e filhos, 100, 101; formação dos filhos, 89, 97, 105, 108, 111; educação na fé, 102, 103; filhos e controle da natalidade, 93-95; casais sem filhos, 96; vocação dos filhos, 92, 104, 121, 122.

FILIAÇÃO DIVINA. Piedade, 102, 103; unidade de vida, 3.

FORMAÇÃO. Doutrinal, 2, 53, 73; da consciência, 93; familiar, 89, 100, 101; da mulher, 87; formação e liberdade, 63, 67, 74. 76. 77, 84, 99.

GENEROSIDADE. Entrega, 67. 122; no matrimônio, 89, 94, 95.

GLÓRIA DE DEUS. 115, 121. 123.

GRAÇA. 97, 108.

HIERARQUIA ECLESIÁSTICA. Magistério da Igreja, 11, 29, 59; fidelidade, 1, 23; obediência e liberdade, 2, 11, 29, 59, 61; comunhão hierárquica e liberdade dos cristãos, 12, 112; direito de associação dos sacerdotes, 7, 8, 16; missão do laicato na Igreja, 20, 21.

HISTÓRIA. Sentido da história, 1, 72, 113.

HUMILDADE. Conhecimento de Deus e conhecimento próprio, 72, 88; sacrifício e serviço aos outros, 96, 97, 108; humildade coletiva, 40.

IGREJA. Fidelidade, 1, 23, 72; o Espírito Santo e a Igreja, 2, 21, 23, 40; Igreja, povo de Deus, 17, 21, 119; todos os cristãos são Igreja, 2, 59, 112, 113; unidade, 14, 43, 54, 57, 61, 67, 123; santidade, vocação batismal, 14, 20, 21, 24, 47, 58, 91; celibato e matrimônio, 92; catolicidade, 6, 32, 42, 44, 71; ecumenismo, 22, 27, 29, 46, 85; apostolado, santificação do mundo, 11, 26, 45, 66; obediência e liberdade, 2, 11, 29, 59, 61; bispos e sacerdotes, 8, 16; sacerdotes e leigos, 4, 69; religiosos e leigos, 118; missão dos leigos na Igreja, 9, 20, 21; a mulher na Igreja, 14, 87; liberdade dos leigos, 12, 38, 48, 90, 99, 117; opinião pública na Igreja, 2; servir a Igreja, 47, 60.

INSTITUTOS SECULARES. 24, 25.

INTEGRISMO. 23, 44.

JESUS CRISTO. Redentor e Sumo Sacerdote, 1, 44; sua chamada à santidade e ao apostolado, 47, 62; o cristão, outro Cristo, 58, 60, 88; segui-lo no meio do mundo, 114, 116, 122; e santificar o trabalho, 10, 24, 55, 70; colocar Cristo no cume das atividades humanas, 59, 115; seu amor à liberdade, 48, 98.

JORNALISMO. Amor e respeito à liberdade. 30, 50, 64, 86.

ÍNDICE DE MATÉRIAS 247

JUSTIÇA. Amor e respeito à liberdade, 29, 33; serviço, 48, 75, 82, 83, 109, 120; justiça no trabalho, 52, 109; espírito de pobreza, 110, 111; bem comum, 89.

JUVENTUDE. Liberdade e responsabilidade, 104; ideal de serviço, 75; vida de piedade, 102; relações com os pais, 100, 101; amor humano, 92, 105, 106, 121, 122; juventude de espírito, 1, 102.

LAR. Caminho de santidade, 91-93, 112, 121; relações entre pais e filhos, 100, 101, 108; caridade, autoridade, liberdade, 98, 104; piedade familiar, 102, 103; o trabalho da mulher no lar, 87-89, 97, 107-109; espírito de pobreza e de serviço, 110, 111.

LEIGOS. Vocação cristã, 58, 60, 61, 112, 116; missão na Igreja e no mundo, 9, 14, 20, 21, 57, 59, 113; mentalidade laical, 117; santificação do trabalho, 10, 18, 24, 26, 27, 56, 70, 116; apostolado específico, 9, 11, 19-22; exercício laical das virtudes, 110, 111; leigos e sacerdotes, 4, 69; e religiosos, 13, 54, 66, 118; liberdade, 12, 28, 34, 63-65, 90.

LIBERDADE. Amor à liberdade, 59, 66, 67, 74, 77; respeito à liberdade, 30, 33, 34, 38, 50; liberdade responsável, 29, 49, 52, 116, 117; e caridade, 56, 98; e obediência, 2, 11, 59; liberdade das consciências, 29, 35, 44, 63, 73, 85; dos sacerdotes, 5, 7, 8; do laicato na Igreja, 12, 20, 21; no apostolado, 11, 19, 36; liberdade em matérias opináveis, 28, 48, 65, 90, 108, 118: no ensino e na educação, 76. 79-81, 99; na formação dos filhos, 100, 101, 104.

MAGISTÉRIO DA IGREJA. 47. 58, 93-95.

"MATERIALISMO CRISTÃO". 113-116, 121.

MATRIMÔNIO. Vocação divina, caminho de santidade, 45, 91-93, 112, 121; amor conjugal, 91, 107, 108, 121; fidelidade, 107; indissolubilidade, 1, 97; formação matrimonial, 92, 99; filhos e controle da natalidade, 89, 93-95, 111; educação dos filhos, 89, 97, 110, 111; relações com os filhos, 100, 101; piedade familiar, 102, 103; casais sem filhos, 96; noivado, 105, 106, 121.

MATURIDADE. Liberdade e responsabilidade, 2, 104; critério, 93, 116; do sacerdote, 4; da mulher, 87; formação da juventude, 73-76.

"MÍSTICA DO OXALÁ". 88, 116.

MULHER. Missão na Igreja e na sociedade, 14, 112; função social na família, 87, 89, 97, 109; vocação profissional, 88, 90; feminilidade, 87, 106, 107; a Virgem Maria, 87, 112.

MUNDO. Amor ao mundo, 70, 114, 116; missão cristã na Igreja e no mundo, 106, 112, 113, 115; liberdade dos cristãos, 12, 28, 117; fermento cristão, 9, 18, 56, 57, 66; santificação do mundo, 11, 66, 72, 119, 120, 123; através do trabalho, 10, 24, 26, 27, 116; vocação profissional, parte da vocação cristã, 60, 61; santidade da família, 91, 94, 95, 97, 109; justiça, 48, 73, 89; "materialismo cristão", 113-116, 121; Cristo no cume das atividades humanas, 59, 115.

NOIVADO. 105, 106, 121.

OBEDIÊNCIA. Liberdade, 2, 11, 59.

OPINIÃO PÚBLICA. 50; na Igreja, 2; amor e respeito à liberdade, 30, 64, 86.

OPUS DEI. *Espírito e natureza:* 24, 25, 70. *Caráter sobrenatural:* 30, 33, 39, 40, 54, 64-67; vontade de Deus, fé, 17, 32, 68, 114; chamada universal à santidade, 24, 27, 31, 34, 56, 70, 121, 122; o espírito dos primeiros cristãos, 24, 62; fidelidade e serviço à Igreja, 16, 21, 29, 47, 59, 60. *Caráter universal:* 32, 42; internacionalidade, 18, 24, 31, 33, 37, 71; em todos os âmbitos da sociedade, 18, 26, 40, 49, 56; pluralismo, 29, 30, 48, 49, 64, 98, 119; unidade e variedade, 33, 35, 38, 67. *Caráter laical:* cristãos correntes, 22, 30, 34, 43. 49, 51, 52, 54, 60-62; vocação batismal, 20, 21, 24, 58; amor ao mundo, 26, 70, 72, 117, 119. *Fim e meios sobrenaturais:* santidade, 24, 26, 31, 55. 60-62, 67, 68, 112. 116; trabalho, 10, 18, 24, 26, 27, 55-57; apostolado, 18, 41, 48, 51, 61, 84; de amizade e confidência, 27, 62, 71; matrimônio, vocação divina, 45, 91, 92, 121; pôr Cristo no cume das atividades humanas, 59, 70, 115. *Membros:* 14, 40, 45, 56, 69, 119; cidadãos iguais aos outros, 24, 26-28, 60, 61, 64-67, 118; sacerdotes, 4, 6, 24, 69. *Formação:* 27, 29, 67, 99. *Liberdade e responsabilidade pessoais:* amor e respeito à liberdade, 19, 27, 30, 38, 50, 66, 67, 117; liberdade nas questões terrenas, 28, 29, 48, 65, 118; liberdade e caridade, 31, 33, 56, 61, 98, 104. *Organização e governo:* 19, 35, 53, 63. *Apostolados corporativos:* 18, 19, 27, 31, 33, 41, 42, 51, 56, 82-84, 88, 109, 119, 120; apostolado com não católicos, 22, 27, 29, 44, 46. *História:* 24, 26, 30, 57, 72.

ORAÇÃO. 70, 121; piedade, 102; o sacerdote, homem de oração, 3; oração em família, 103.

ORDEM. 88.

PACIÊNCIA. 100, 101, 108.

PATERNIDADE RESPONSÁVEL. 93-96; família numerosa, 89, 111.

PAZ. 117.

PECADO. 114.

PIEDADE. 102, 103, 107; unidade de vida, 113, 114.

PLANO DE VIDA. 111.

PLURALISMO. Amor à liberdade, 35, 67, 76; convivência, respeito à liberdade, 33, 38, 50, 98.

POBREZA. Espírito de pobreza, 111; e meios humanos no apostolado, 51, 83.

POLÍTICA. Liberdade, 77, 79; serviço, 76, 90; política e ministério sacerdotal, 5; a mulher na vida pública, 90.

PRESENÇA DE DEUS. 102, 103, 121; no trabalho, 114, 116.

PRIMEIROS CRISTÃOS. 24, 62, 89, 103.

REDENÇÃO. Vontade salvífica universal, 1, 32, 123; santificação do mundo, 10, 70, 91, 95, 112, 114; Cristo no cume das atividades humanas, 59, 115. RELIGIOSOS. Amor aos religiosos, 43, 54; religiosos e leigos, 11, 13, 24, 62, 66, 110, 118.

RESPONSABILIDADE. Formação, 74, 84, 93; liberdade responsável, 29, 49, 52, 77, 90, 116, 117.

RETIDÃO DE INTENÇÃO. 31, 40, 93; amor à verdade e à liberdade, 64, 66.

ROMANO PONTÍFICE. 22, 32, 46, 95.

SACERDOTES. Missão do sacerdote, 4, 6, 47, 48, 69; santidade, unidade de vida, 3, 16; comunhão hierárquica e liberdade, 2, 8, 16; direito de associação, 7, 16; pregação, 5; direção espiritual, 93; liberdade dos leigos, 12, 61, 69.

SACRAMENTOS. 9, 58, 91, 113, 115.

SACRIFÍCIO. Caridade, 91, 97, 111.

SANTIDADE. Chamada universal, 34, 47, 55, 61, 62, 69; seguir a Cristo no meio do mundo, 113, 114, 116; santidade na vida ordinária, 87, 112, 123; através do trabalho, 10, 18, 24, 56, 70; no matrimônio, 45, 91-93, 112, 121; santidade pessoal e vida interior, 31, 68, 99, 115; e liberdade, 56, 98, 118.

SECULARIDADE. 66, 113, 114, 116, 118.

SERENIDADE. 88, 100, 101, 108.

SERVIÇO. À sociedade, 56, 74, 120; através do trabalho, 26, 27, 31, 55, 57, 109.

SINCERIDADE DE VIDA. 102; unidade de vida, 47, 107, 113, 114, 116.

SOLIDARIEDADE. Liberdade, 76, 84, 117; no trabalho, 10, 75, 116; e espírito de pobreza, 110, 111.

TOTALITARISMO. 33, 50, 99.

TRABALHO. Santificação do trabalho, 10, 18, 24, 26, 27, 56, 116; obra de Deus, 24, 55, 57; vocação profissional, parte da vocação cristã, 60, 61, 64, 112; valor pessoal e social, 31, 88, 109; competência profissional, serviço, 68, 73, 75, 90; presença de Deus, 114; trabalho e liberdade, 12, 34; e espírito de pobreza, 110, 111; trabalho da mulher, 87-89, 109; trabalho e apostolado, 70, 71; Cristo no cume das atividades humanas, 59, 115.

UNIDADE. 43, 44, 47, 54, 61; familiar, 98, 100, 101; unidade e liberdade, 67; Eucaristia, 123.

UNIDADE DE VIDA. 47; piedade, 102; santidade, trabalho e apostolado, 62, 70; unidade de vida sacerdotal, 3; "materialismo cristão", 113-116, 121.

UNIVERSALIDADE. 6, 32, 42, 64.

UNIVERSIDADE. Serviço à sociedade, 74-76, 82-84, 120; amor à verdade, 73, 86; liberdade e convivência, 76-81, 85, 86; Universidade de Navarra, 71, 82-84, 120.

VERACIDADE. 33, 34, 41, 86; respeito à verdade, 64, 65.

VIDA CRISTÃ. Chamada universal à santidade, 47, 55, 61, 62; no meio do mundo, 58, 60, 103, 107, 112-114, 116; na vida ordinária, 11, 27, 87, 91, 121, 123; vida cristã e liberdade, 48, 99, 117; piedade, vida interior, 67, 70, 102, 115; fermento cristão, apostolado, 9, 18, 45, 51, 56, 57, 90; "materialismo cristão", 113-116, 121.

VIDA ORDINÁRIA. Santidade, 87, 91, 99, 112, 123; unidade de vida cristã, 113-116.

VIRGEM MARIA. 87, 105, 112, 121.

VIRTUDES. Sobrenaturais e humanas, 62, 102, 108.

VOCAÇÃO. Entrega, 112, 121, 122.

VOCAÇÃO CRISTÃ. Vocação batismal, 14, 20, 21, 24, 47, 58, 91; vida sobrenatural, 64, 88, 104, 108; santificação do trabalho, 10, 55, 60, 61; apostolado, 9, 18, 20, 21, 31, 59, 70, 109; liberdade, 12, 27, 90, 117; unidade de vida, 113-116.

VONTADE DE DEUS. Fidelidade, 17, 32, 68, 97; correspondência. 92, 93, 106, 112, 114, 116.

Índice de textos da Sagrada Escritura

ANTIGO TESTAMENTO

GÊNESIS
I, 7 e ss. .... cf. 114
I, 27 .... cf. 14
II, 15 10
II, 15 24
II, 15 55
V, 2 .... cf. 14
XV, 1-6 .... cf. 96
XXXV, 9-15 .... cf. 96

ÊXODO
XX, 12 .... cf. 101

DEUTERONÔMIO
X, 17 40
XXXII, 4 .... cf. 70

2 PARALIPÔMENOS
XIX, 7 40

SALMOS
XXXIII, 4 123
XLII, 4 102

CÂNTICO DOS CÂNTICOS
VIII, 7 91

SABEDORIA
XI, 25 .... cf. 112
XIII, 1 e ss. .... cf. 70

ECLESIÁSTICO
XV, 14 104
XVIII, 5 123
XXIV, 24 .... cf. 85
XXIV, 24 .... cf. 105

XXXIX, 21 .... cf. 70
XXXIX, 39 .... cf. 70
ISAÍAS
I, 17 110

HABACUQUE
II, 4 .... cf. 67
II, 4 .... cf. 72
II, 4 .... cf. 92

NOVO TESTAMENTO

EVANGELHO SEGUNDO SÃO MATEUS
V, 48 .... cf. 11
V, 48 55
V, 48 62
VII, 20 .... cf. 81
X, 24 66
XI, 5 110
XI, 30 .... cf. 97
XV, 4 .... cf. 101
XV, 14 .... cf. 93
XVI, 4 59
XVIII, 20 103
XVIII, 23-35 .... cf. 113
XIX, 3-11 97
XIX, 4 .... cf. 14
XIX, 11 .... cf. 122
XIX, 12 92
XXIII, 13 .... cf. 93

EVANGELHO SEGUNDO SÃO LUCAS
I, 38 112
VI. 44 .... cf. 81
XXIV, 39 116

EVANGELHO SEGUNDO SÃO JOÃO
III, 8 .... cf. 23

III, 8 31
III, 16-17 .... cf. 112
III, 30 59
IV, 10 72
VI, 38-40 .... cf. 1
XII, 32 59
XIII, 34-35 .... cf. 98
XV, 15 102

ATOS DOS APÓSTOLOS
I, 1 62
I, 8 .... cf. 51
II, 32 .... cf. 51
IV, 32 123
IX, 1-25 .... cf. 4
X, 34 40
XVIII, 1-3 .... cf. 89
XVIII, 3 .... cf. 4
XVIII, 24-28 .... cf. 89
XX, 28 119

EPÍSTOLA AOS ROMANOS
I, 17 .... cf. 67
I, 17 .... cf. 72
I, 17 .... cf. 92
I, 20 .... cf. 70
II, 11 40
VIII, 21 .... cf. 11
VIII, 21 .... cf. 14

ÍNDICE DE TEXTOS DA SAGRADA ESCRITURA

VIII, 21 .... cf. 59
XIII, 10 62

PRIMEIRA EPÍSTOLA AOS CORÍNTIOS
III, 4-9 .... cf. 36
III, 22-23 70
III, 22-23 115
IV, 3-6 .... cf. 31
VI, 19 121
VI, 20 121
VII, 20 16
X, 31 115
XII, 1-11 .... cf. 2
XII, 4-11 .... cf. 67
XVI, 19 103

SEGUNDA EPÍSTOLA AOS CORÍNTIOS
IV, 7 72

EPÍSTOLA AOS GÁLATAS
III, 11 .... cf. 67
III, 11 .... cf. 72
III, 11 .... cf. 92
III, 27-28 14
III, 26-28 .... cf. 87
IV, 31 .... cf. 34
IV, 31 .... cf. 98

EPÍSTOLA AOS EFÉSIOS
V, 23 .... cf. 58
V, 32 91
VI, 9 40
VI, 10-17 .... cf. 113
VI, 11 e ss. 123

EPÍSTOLA AOS COLOSSENSES
I, 24 .... cf. 58
III, 14 62
III, 25 .... cf. 40

PRIMEIRA EPÍSTOLA A TIMÓTEO
II, 4 .... cf. 32
II, 4 .... cf. 112
III, 9 .... cf. 123
IV, 4 .... cf. 70
VI, 20 .... cf. 1

SEGUNDA EPÍSTOLA A TIMÓTEO
III, 3 45
III, 12 .... cf. 88

EPÍSTOLA AOS HEBREUS
X, 38 .... cf. 67
X, 38 .... cf. 72
X, 38 .... cf. 92
XI, 11-12 .... cf. 96
XIII, 8 72
XIII, 8 102
XIII, 14 .... cf. 11

PRIMEIRA EPÍSTOLA DE SÃO PEDRO
I, 17 40
II, 10 .... cf. 1
II, 10 .... cf. 2
II, 10 .... cf. 45

APOCALIPSE
XXI, 4 .... cf. 11

Direção geral
Renata Ferlin Sugai

Direção editorial
Hugo Langone

Produção editorial
Juliana Amato
Gabriela Haeitmann
Ronaldo Vasconcelos
Roberto Martins

Capa
Gabriela Haeitmann

Diagramação
Sérgio Ramalho

ESTE LIVRO ACABOU DE SE IMPRIMIR
A 19 DE MARÇO DE 2024,
EM PAPEL IVORY SLIM 65 g/m².